江西财经大学财税与公共管理学院

财税文库

我国就业税收政策的效应分析及优化对策研究

姚林香　著

中国财经出版传媒集团
经济科学出版社
Economic Science Press

图书在版编目（CIP）数据

我国就业税收政策的效应分析及优化对策研究/姚林香著.
—北京：经济科学出版社，2021.8
ISBN 978-7-5218-2796-5

Ⅰ.①我… Ⅱ.①姚… Ⅲ.①税收政策—影响—就业—研究—中国 Ⅳ.①F249.214

中国版本图书馆 CIP 数据核字（2021）第 173025 号

责任编辑：顾瑞兰
责任校对：齐 杰
责任印制：邱 天

我国就业税收政策的效应分析及优化对策研究
姚林香 著
经济科学出版社出版、发行 新华书店经销
社址：北京市海淀区阜成路甲 28 号 邮编：100142
总编部电话：010-88191217 发行部电话：010-88191522
网址：www.esp.com.cn
电子邮箱：esp@esp.com.cn
天猫网店：经济科学出版社旗舰店
网址：http://jjkxcbs.tmall.com
固安华明印业有限公司印装
710×1000 16 开 9.75 印张 160000 字
2021 年 8 月第 1 版 2021 年 8 月第 1 次印刷
ISBN 978-7-5218-2796-5 定价：56.00 元
（图书出现印装问题，本社负责调换。电话：010-88191510）

总 序

习近平总书记在哲学社会科学工作座谈会上指出，一个国家的发展水平，既取决于自然科学发展水平，也取决于哲学社会科学发展水平。坚持和发展中国特色社会主义，需要不断在理论和实践上进行探索，用发展着的理论指导发展着的实践。在这个过程中，哲学社会科学具有不可替代的重要地位，哲学社会科学工作者具有不可替代的重要作用。

习近平新时代中国特色社会主义思想，为我国哲学社会科学的发展提供了理论指南。党的十九大宣告："经过长期努力，中国特色社会主义进入了新时代，这是我国发展新的历史方位。"中国特色社会主义进入新时代，意味着近代以来久经磨难的中华民族迎来了从站起来、富起来到强起来的伟大飞跃。新时代是中国特色社会主义承前启后、继往开来的时代，是全面建成小康社会、进而全面建设社会主义现代化强国的时代，是中国人民过上更加美好生活、实现共同富裕的时代。

江西财经大学历来重视哲学社会科学研究，尤其是在经济学和管理学领域投入了大量的研究力量，取得了丰硕的研究成果。财税与公共管理学院是江西财经大学办学历史较为悠久的学院，学院最早可追溯至江西省立商业学校（1923 年）财政信贷科，历经近百年的积淀和传承，现已形成应用经济和公共管理比翼齐飞的学科发展格局。教师是办学之基、学院之本。近年来，该学院科研成果丰硕，学科优势凸显，已培育出一支创新能力强、学术水平高的教学科研队伍。正因为有了一支敬业勤业精业、求真求实求新的教师队伍，在教育与学术研究领域勤于耕耘、勇于探索，形成了一批高质量、经受得住历史检验的成果，学院的事业发展才有了强大的根基。

为增进学术交流，财税与公共管理学院推出面向应用经济学科的“财税文库”和面向公共管理学科的“尚公文库”，遴选了一批高质量成果收录进两大文库。本次出版的财政学、公共管理两类专著中，既有资深教授的成果，也有年轻骨干教师的新作；既有视野开阔的理论研究，也有对策精准的应用研究。这反映了学院强劲的创新能力，体现着教研队伍老中青的衔接与共进。

繁荣发展哲学社会科学，要激发哲学社会科学工作者的热情与智慧，推进学科体系、学术观点、科研方法创新。我相信，本次“财税文库”和“尚公文库”的出版，必将进一步推动财税与公共管理相关领域的学术交流和深入探讨，为我国应用经济、公共管理学科的发展做出积极贡献。展望未来，期待财税与公共管理学院教师，以更加昂扬的斗志，在实现中华民族伟大复兴的历史征程中，在实现“百年名校”江财梦的孜孜追求中，有更大的作为，为学校事业振兴做出新的更大贡献。

江西财经大学党委书记

2019 年 9 月

前　言

改革开放以来，中国在融入世界经济的历程中取得了长足发展，但也不可避免地受到世界经济波动的影响，全球金融危机对我国经济发展的影响尚未终结，导致我国经济增长速度放缓，再加上我国正处于社会转型以及经济结构升级的发展阶段，劳动力供需之间的矛盾进一步加剧。多种因素的综合影响，使得就业问题一直困扰着我国当前的社会经济生活。此外，2020 年新冠肺炎疫情为就业再添难题。一直以来，我国政府都将就业列为工作要点，对其给予了高度重视。在 2019 年的《政府工作报告》中，首次将就业优先政策置于宏观政策层面，在明确提出加大“六稳”工作力度的同时提出“六保”任务，并将“保居民就业”置于“六保”之首。2020 年 10 月，中国共产党第十九届中央委员会第五次全体会议通过的《中共中央关于制定国民经济和社会发展第十四个五年规划和二〇三五年远景目标的建议》中，再次提出要千方百计稳定和扩大就业，实现更加充分更高质量就业。可以说，就业是民生之本，就业稳定，民生问题几乎都能得到解决，国家也能本固邦宁。

税收作为政府宏观调控的重要手段，长期都在为国家的经济发展、和谐民生贡献自己的力量。近年来，我国政府出台并实施了一系列直接促进特殊群体就业以及通过促进特定产业、特定类型企业和特别地区的发展进而间接促进就业的税收政策。相关政策的出台和实施对维护社会公平稳定和促进经济可持续发展起到了重要作用，但仍存在一些问题，尚需进一步完善。因此，对就业税收政策进行研究具有重要的理论价值和实践意义。

本书运用文献研究法、比较分析法及实证分析法，阐述税收政策促进就业的相关理论，对现行促进就业的税收政策进行梳理，围绕就业税收政策的效应进行实证分析，对现行促进就业税收政策的执行情况进行调查分析，探究促进就业税收政策存在的主要问题。在此基础上，借鉴国外经验，提出优化就业税收政策的原则及建议，为积极构建就业税收政策体系提供参考。

本书是在笔者主持的江西省高校人文社会科学研究课题《税收政策促进就业的效应分析及政策优化研究》的基础上修改而成的。

本书是课题组成员集体努力和共同智慧的结晶，此外，江西财经大学研究生朱青青、卢光熙、安欣、许佳萍、杨蕾、杨芙蓉和黄正中也参加了本书部分章节的撰写及补充和完善，在此一并表示感谢！

本书在研究和出版过程中得到了很多领导、专家和同仁的大力支持和帮助。感谢有关专家在课题评审中所提出的宝贵意见，其很好地帮助了本书的研究和完善；感谢相关税务机关及企业财务人员为课题的调查研究提供的有效配合；感谢经济科学出版社的领导和编辑为本书出版付出的努力！

本书所作的研究充分汲取了国内外众多专家、学者的研究成果，在此表示特别的感谢！

由于水平有限，书中不足之处在所难免，恳请读者批评指正。

姚林香

2021 年 6 月

目　录

第 1 章　绪论 ………………………………………………………… (1)

1.1　选题背景及研究意义 ……………………………………………… (1)

1.2　国内外研究现状 …………………………………………………… (4)

1.3　研究方法和框架结构 ……………………………………………… (17)

第 2 章　就业税收政策理论分析 ………………………………………… (21)

2.1　相关概念界定 ……………………………………………………… (21)

2.2　理论基础 …………………………………………………………… (22)

2.3　税收政策促进就业的作用机理 …………………………………… (27)

第 3 章　我国就业现状分析 ……………………………………………… (30)

3.1　我国就业形势的基本特征 ………………………………………… (30)

3.2　我国就业存在的问题 ……………………………………………… (33)

3.3　我国就业问题的成因 ……………………………………………… (40)

第 4 章　我国现行促进就业税收政策分析 ……………………………… (44)

4.1　我国现行促进就业的税收政策 …………………………………… (44)

4.2　我国现行促进就业税收政策存在的问题 ………………………… (58)

第 5 章　我国就业税收政策的效应分析 ………………………………… (63)

5.1　我国就业税收政策的劳动总需求效应分析 ……………………… (63)

5.2 我国就业税收政策的劳动总供给效应分析 …………………… (73)
5.3 小结 ………………………………………………………………… (86)

第6章 我国现行促进就业税收政策执行情况的调查分析
——以江西省为例 ………………………………………………… (88)
6.1 问卷调查的样本选择和数据收集 ………………………………… (88)
6.2 描述性统计分析 …………………………………………………… (88)
6.3 模型检验及分析 …………………………………………………… (97)
6.4 小结 ……………………………………………………………… (104)

第7章 国外促进就业税收政策及经验借鉴 ……………………… (105)
7.1 国外促进就业税收政策 ………………………………………… (105)
7.2 国外经验借鉴 …………………………………………………… (116)

第8章 优化我国就业税收政策的原则及建议 …………………… (119)
8.1 优化我国就业税收政策的原则 ………………………………… (119)
8.2 优化我国就业税收政策的建议 ………………………………… (121)
8.3 优化我国就业税收政策的配套措施 …………………………… (126)

附录 促进就业税收政策执行情况调查问卷 ……………………… (130)

参考文献 …………………………………………………………… (137)

第 1 章

绪　论

1.1　选题背景及研究意义

1.1.1　选题背景

改革开放以来，中国在融入世界经济的历程中取得了长足发展，但也不可避免地受到世界经济波动的影响，全球金融危机对我国经济发展的影响尚未终结，导致我国经济增长速度放缓，再加上我国正处于社会转型以及经济结构升级的发展阶段，劳动力供需之间的矛盾进一步加剧。多种因素的综合影响，使得失业问题一直困扰着我国当前的社会经济生活。根据《中国统计年鉴（2020）》数据显示，2015～2019 年，我国城镇登记失业人数分别为 966 万人、982 万人、972 万人、974 万人、945 万人，城镇登记失业率依次为 4.05%、4.02%、3.90%、3.80%、3.62%。2020 年由于新冠肺炎疫情的影响，我国城镇登记失业率有所上升。根据国家统计局发布的 2020 年就业形势有关数据，2020 年全国年均城镇调查失业率为 5.6%，低于 6% 的预期目标；而 2019 年月度全国城镇调查失业率保持在 5.0%～5.3%，低于 5.5% 的预期目标。这说明虽然 2020 年全国年均城镇调查失业率低于预期目标，但很显然是高于 2019 年城镇调查失业率水平的。2021 年 5 月，全国城镇调查失业率为 5.0%，比 4 月下降 0.1 个百分点，比上年同期下降 0.9 个百分点。这意味着我国的就业情况虽然有所好转但就业形势依然严峻。在新冠肺炎疫情的冲击下，作为当前政府工作的重点，就业依然是一项沉重艰难的工程。

就业是民生之本，反映了一国经济的实际发展情况，就业稳定，民生问题几乎都能得到解决，国家也能本固邦宁。一直以来，我国政府非常重视就业，早在1994年颁布的《中华人民共和国劳动法》中就提到要通过促进经济和社会发展来创造就业条件，扩大就业机会。进入21世纪，就业被提升到更加重要的突出位置。2007年8月，为促进就业，促使经济发展与扩大就业相协调，帮助社会和谐稳定发展，政府制定了《中华人民共和国就业促进法》。在“十二五”和“十三五”规划纲要中都明确提到要实施积极的就业政策，将就业问题摆在国家发展全局中的突出位置。为了真正地解决就业问题，突出就业问题的重要性，国务院于2017年1月26日专门印发了《“十三五”促进就业规划》，并在两会中提到要继续完善落实稳定和扩大就业的政策，通过金融、财税等一揽子政策共同发力，推动经济增长，带动就业，拓展就业新空间。2017年5月10日，在全国就业创业工作电视电话会议中，李克强总理提到，要深入实施就业优先战略和更加积极的就业政策，狠抓就业创业各项新举措落地，突出重点，精准施策，促进经济发展扩大就业，推动创业创新带动就业；同年6月27日的夏季达沃斯论坛开幕致辞中，李克强总理又提到，要坚持把就业置于发展优先位置，因为就业是包容性增长的根本，他表示，我国把就业作为衡量经济运行状况的关键指标，坚持实施更加积极的就业政策，鼓励以创业带动就业。在2018年的政府工作报告中，李克强总理提到，各级政府及其工作人员，都要把就业放在心上，扛在肩上，并提出要将城镇调查失业率控制在5.5%以内，城镇登记失业率控制在4.5%以内。这是政府工作报告首次将城镇调查失业率纳入经济社会发展的主要预期目标，反映了党和政府更加重视就业的工作导向。在2018年4月25日召开的国务院常务会议中，为降低创业创新成本、增强小微企业发展动力、促进扩大就业，会议决定，按照中央经济工作会议和《政府工作报告》要求，加大减税力度。在2019年的《政府工作报告》中，首次将就业优先政策置于宏观政策层面，在明确提出加大“六稳”工作力度的同时提出“六保”任务，并将“保居民就业”置于“六保”之首。此外，《政府工作报告》明确提出了就业工作目标，并根据经济社会实际情况实事求是调整了就业工作目标，将城镇新增就业从2019年的1100万人下调到

900 万人，调查失业率从 5.5% 上调到 6.0%，登记失业率从 4.5% 调高到 5.5%。2020 年 10 月，中国共产党第十九届中央委员会第五次全体会议通过的《中共中央关于制定国民经济和社会发展第十四个五年规划和二〇三五年远景目标的建议》中，再次提出要千方百计稳定和扩大就业，实现更加充分更高质量就业。这些都充分体现了国家对就业的重视程度。

税收作为政府宏观调控的重要手段，长期都在为国家的经济发展、和谐民生贡献自己的力量。近年来，我国政府出台并实施了一系列直接促进特殊群体就业以及通过促进特定产业、特定类型企业和特别地区的发展进而间接促进就业的税收优惠政策。相关政策的出台和实施对维护社会公平稳定、促进经济可持续发展起到了重要作用，但仍存在一些问题，尚需进一步完善。而随着大众创业成为经济增长的新引擎，利用创业活动带动并提高就业水平，将成为未来一段时期我国就业政策的新导向。实际上，不仅仅是我国，大多发达国家也都比较关注和扶持大众创业，如欧盟出台“2020 创业行动计划”，英国推行“大学生创业项目”，日本提出“产学合作计划”，美国实施“创业美国计划”等。因此，在这种新的、复杂的就业形势下，政府需要建立完善系统的税收激励机制，并以更丰富的形式支持就业，而如何根据实际情况，合理调整和完善就业税收政策，让各项政策相辅相成，达到最优，是本书研究的出发点。

1.1.2　研究意义

1.1.2.1　理论意义

为深入贯彻新发展理念的要求，为民众谋福祉，从政府角度解决就业问题，推进供给侧结构性改革，要坚持把稳就业摆在更加突出位置，强化底线思维，做实就业优先政策，健全有利于更充分更高质量就业的促进机制，坚持创造更多就业岗位和稳定现有就业岗位并重，突出重点、统筹推进、精准施策，全力防范化解规模性失业风险，全力确保就业形势总体稳定。要坚持市场引领和政府引导并重、放开搞活和规范有序并举，顺势而为、补齐短板，因地制宜、因城施策，激发劳动者创业活力和创新潜能，全力以赴稳定就业大局。要实现更充分和更高质量的就业，制定系统、科学、合理、有效的促进就业税收政策是关键。本书从理论上阐述了就业的理论基础及税收政策促进就业的作用机理，有效充实了就业理论，丰富了我国税收政策促进就业的理论基础。

1.1.2.2　实践意义

解决就业问题是促进社会稳定和构建社会主义和谐社会的基本要求，不仅需要依靠市场机制的自我调节，更需要国家的宏观调控。从发达国家的历史发展进程来看，恰当的政策可以激励就业并改善就业环境。这些年来，虽然我国的就业环境已得到较大的改善，但当今国际经济形势复杂多变，国内一些长期积累的深层次矛盾逐步显现，经济发展新常态和供给侧结构性改革对促进就业提出了新的要求，劳动者素质结构与经济社会发展需求不相适应、结构性就业矛盾突出等问题凸显，导致现有鼓励就业的政策尤其是促进就业的税收政策无法满足当今的时代要求。税收政策作为我国宏观调控的重要手段之一，在调节和促进就业方面扮演着举足轻重的角色。尤其是在现今国际市场疲软、内需不足的大环境下，更要重视发挥税收对经济的杠杆效应，刺激经济发展并促进就业。本书从政策效应的长期性视角出发，实证研究就业税收政策对劳动总需求及劳动总供给的影响，并运用多维、动态和优化的理念设计完善我国促进就业的税收政策体系，不仅可以为评价与反思现行促进就业的税收政策提供全新视角，而且有利于把我国临时性、应急性和过渡性的税收政策变革为长期性、稳定性和可持续性的税收政策，对政府利用就业税收政策减轻就业压力、促进经济社会和谐发展、推动实现更充分更高质量的就业提供依据和参考，具有重要的实践意义。

1.2　国内外研究现状

1.2.1　国内研究现状

从研究内容来看，国内学者对就业税收政策的研究主要涵盖就业的概念及影响因素、税收政策促进就业的作用机理、促进就业税收政策的效应分析、存在的问题、国外经验借鉴和优化建议等方面。

1.2.1.1　就业概念界定

赵燕（2011）认为，就业是有劳动能力和意愿的人们，为了获得劳动报酬，在任一经济部门，任何所有制条件和劳动制度下进行的社会劳动。周文剑（2020）认为，就业是指在法定年龄内的有劳动能力和劳动愿望的人们所从事的为获取报酬或经营收入进行的活动。李宏伟（2016）认为，就业的表面含义是指在法定年龄内能够通过劳动获得经济收入的一种活动，但实质上其并没有固定的含义，随着经济的变化，就业具有不同的内涵。吴菲菲（2016）认为，在不同的出发点下就业有不同的含义，学术上的定义强调劳动者是否具有劳动愿望，而实践性上的定义突出的是就业必须在合法的年龄内从事，但不论从学术上还是实践上定义，都强调个人通过劳动能获得相应的报酬。杨河清（2011）认为，就业是指达到法定劳动年龄、具有劳动能力的劳动者，运用生产资料依法从事某种社会劳动，并获得赖以生存的劳动报酬或经营收入的活动。石晶（2016）认为，就业是指在一定年龄阶段内人们所从事的为获取报酬或为赚取利润所进行的活动。

1.2.1.2　就业影响因素

影响就业的因素多元且复杂，研究视角也多种多样。例如，邹波等（2019）从个人特征来分析，李建和李亚员（2018）从学校特征来探讨，封世蓝等（2019）从家庭社会特征来论述。从经济学视角来研究的文献也较为丰富。从宏观视角来看，姚冠新（2019）认为，经济增速、就业形势、社会的结构性矛盾都是制约就业发展的主要因素；王晓（2016）提出，一国良好的经济环境与合理的产业结构对就业的质量与数量有着积极作用；郭长林（2018）认为，劳动力市场的运行状况和资源配置效率对就业质量的影响显著；潘庆海（2018）认为，政府的财政和税收政策对就业会产生短期或长期的影响。从微观视角来看，刘素华和孔燕然（2013）认为，薪资水平、就业能力、工作效率等指标影响着就业；李宁和徐荣华（2016）认为，就业技能、就业素养、岗位匹配、劳动保障是影响就业的关键因素；尹明和胡明月（2016）认为，就业教育、就业能力等微观因素对就业起着决定性的影响作用，其中，劳动者具备的教育与技能是经济社会发展下提升就业的内生动力；谢珺（2014）研究发现，部分西欧国家在分析就业的影响因素时将福利报酬、技术发展、生活保障等纳入就业的评价指标，并提出供给侧改革、技术创新、就业体系完备更利于国家实现高质量就业和高质量发展，增长民生福祉。梁秀生等（2018）则认为，各类对就业影响因素的研究结论虽未达成统一，但也存有共性，对就业技能、社会保障、政策扶持、经济发展等是提升就业的关键因素基本形成了共识。

1.2.1.3 税收政策促进就业的作用机理

杨晓妹（2014）认为，税收通过影响社会总供求进而影响就业。一方面，减税可以促进社会总需求增加，即使会产生挤出效应，但整体而言，增加的程度大于减少的程度；另一方面，即使目前对减税与社会总供给之间的具体关系并不明确，但从技术角度来看，减税会引起技术进步进而增加社会总供给。赵云桥（2013）利用奥肯定律，并结合税收对收入的乘数效应公式进行数学推理，指出失业率的变动与税收变动量呈正相关关系，也就是说，税收总量减少则失业率降低。李林木（2008）认为，税收会改变产出和生产要素的相对价格，从而引导消费者消费更多和生产者生产提供更多的劳动密集型产品和服务，影响就业水平。董再平（2008）认为，征税会影响劳动力素质、工资、资本收益和商品价格，进而影响就业水平。朱翠萍和蒋智华（2010）认为，一般情况下，税收政策对就业的作用主要是通过影响经济规模，进而对就业产生影响。王春雷（2007）采用回归模型分析经济增长与就业关系，得出降低宏观税负能促进经济的长期增长，促进劳动密集型产业和第三产业等发展，进而影响就业。尹音频和张昆明（2004）从税收政策结构分析影响就业的作用机理，认为企业减税对劳动密集型和资本密集型产业会分别产生就业扩张效应和收缩效应，个人减税针对低收入人群和高收入人群则分别表现为间接扩大就业量和收缩就业量。

促进就业的税收政策能够通过影响劳动力达到促进就业的效果，其主要是通过供给和需求两个渠道。从劳动力需求角度分析，周红梅（2005）认为，减税降费、加计扣除、税率优惠等政策可以降低企业运行成本，增加企业利润，在拉动经济增长的同时扩大就业需求，税收减免等政策能有效推动第三产业发展和经济结构转型，增强就业弹性。刘广洋（2003）认为，税收对劳动需求总量的影响不仅通过企业投资传导，还会通过政府公共投资和社会救济、社会福利影响社会有效需求，从而影响社会就业总水平。李霞（2011）认为，税收具有乘数效应，会间接地通过影响消费和投资两方面的需求，从而影响劳动需求。刘明（2008）认为，税收政策对劳动需求的影响应从纳税人角度和就业结构角度分析，就业量变化或增或减。左胜强（2020）利用 1998 ~ 2013 年中国工业企业数据库的企业面板数据，采取静态面板模型和动态面板模型，考察了企业所得税对企业劳动需求的影响，发现降低企业所得税有效税率会增加企业劳动需求，尤其对劳动密集型企业的劳动需求影响最大。从劳动力供给角度分析，邓远军（2007）认为，在供给形式方面，税收政策的收入效应和替代效应使得劳动者更趋向于就业，在供给结构方面，则表现为对人口流向城市的驱动和劳动者素质的提高，进而提升就业质量。刘溶沧和马拴友（2002）通过测算我国劳动要素、资本收入与消费支出的有效税率，认为税收收入效应占主导的原因可能是税负减少了可支配收入，使劳动供给增加。郭庆旺（1995）认为，个人所得税覆盖面较窄导致我国劳动供给缺乏弹性。王娜和夏杰长（2016）在针对中国现阶段就业形势的研究中，运用计量经济学方法建立了税收与中国城镇居民劳动供给的回归模型，研究发现，对劳动要素征税会增加中国现阶段城镇居民的劳动供给。

1.2.1.4　我国促进就业税收政策的效应分析

王跃堂、王国俊和彭洋（2012）以 2008 年度企业所得税改革为背景，实证检验了企业所得税调整对劳动需求的影响，得出劳动力需求与企业所得税税率反向变动的结论，即降低企业所得税税率可以提高企业劳动力需求。徐烜和雷良海（2015）通过研究结构性减税对产业结构变动和劳动力的供给结构、需求结构的影响，发现企业所得税对就业的影响是显著的，企业所得税占税收收入总额的比例越高，对就业的正向效应越大。薛玉莲、谢香兵和池亚楠（2017）利用 2006 ~ 2015 年我国上市公司的数据进行实证研究，结果表明，公司劳动雇用数量与公司实际所得税税率显著负相关。王智烜、邓秋云和陈丽（2018）利用 PVAR 模型得出企业所得税的减免能够降低非正式就业规模，引导劳动要素流入正式就业，进而提高就业质量。但也有学者的研究结果与之不同，薛凤珍（2014）通过对 2001 ~ 2009 年非上市公司企业数据进行回归分析，得出当前我国企业所得税的税负与就业数量之间的变化是同向的，这意味着适当提高税负会促进就业。席小瑾（2010）拓宽了实证研究的范围，将增值税一并纳入研究范围内，实证检验了增值税、所得税与就业的关系，结果表明，增值税与就业之间的关系不明显，而企业所得税与就业反向相关，个人所得税对就业的影响为正向作用。吴仁祥、唐丹和徐十佳（2014）结合安徽省的具体情况，从税收对就业水平和结构优化两方面进行实证分析，指出企业所得税和出口退税对就业无显著影响，流转税对就业有正向影响，而且税收能够优化就业结构。刑树东和刘婷（2012）通过研究税收与产业结构及就业之间的影响，对税收总量与各产业的就业人数做回归分析，发现第一产业的就业量与税收增长是负效应的关系，第二产业和第三产业的就业量与税收增长是正效应的关系。陈永伟（2011）利用包含税收和就业变量的结构 VAR 模型，发现对企业减免所得税并没有如预期一样产生促进就业的积极作用，反而起了一定的抑制作用。许朝晖和曾赠（2018）选取了 2005～2016 年的数据对税收政策与失业率的关系做实证分析，并得出高税收会增加失业率的结论。杨晓妹（2014）利用数理推导并结合理论模型对税收与劳动力供求关系进行了相关实证分析，得出个人所得税税率与劳动力供给负相关；商品税税率与劳动供给反向相关，而与劳动需求量关系不明显；企业所得税不利于劳动需求增加的结论。张芳艳（2011）通过相关性分析和回归分析，发现配套政策对大学生内部创业动力的影响最为显著，其中，与税收优惠政策有关的为免征或减征所得税政策。尹音频和杨晓妹（2015）通过建立扩展的内生经济增长模型分析了税收政策就业效应的微观作用机制，结果发现，税收政策对稳定劳动力市场均衡有积极作用，且税收效应要强于财政支出效应。鲁元平、杨芳和张静堃（2020）基于西部大开发准自然实验，采用双重差分方法研究区域性税收优惠政策对工资与就业的影响，结果表明，西部大开发税收优惠政策会减少企业雇用人数，这主要是因为政策并没有吸引大量新的企业进入西部地区。刘啟仁等（2020）通过区分劳动要素类别，发现固定资产与技能劳动力之间存在互补性、与非技能劳动力不存在互补性，所以固定资产加速折旧政策在促进企业加大对固定资产投资的同时会提高企业对技能劳动力的需求，降低其对非技能劳动力的需求。冯海波和陆倩倩（2020）通过研究 2010～2018 年中小板上市公司的数据，发现总体税收负担对中小企业吸纳就业能力产生了显著的抑制作用，进一步分税种研究发现，流转税税收负担对中小企业吸纳就业能力的抑制作用强于所得税税收负担。

1.2.1.5　我国促进就业税收政策存在的问题

刘安长（2017）通过利用面板模型进行实证分析，发现我国税收结构中以增值税、消费税等间接税为主，所得税占比较小，使得减税对就业的促进作用大打折扣。韩冲（2015）认为，我国促进就业的税收政策存在立法层级低、内容比较零散、可操作性较低的问题。李霞（2011）认为，我国现行促进就业税收政策仍存在不足，主要表现为政策制定较为零散、优惠范围较窄、政策措施侧重临时。王培贤（2015）在梳理我国现行促进就业税收政策的基础上，指出目前政策规定重叠不利于实际执行，现今推出的很多利于就业的税收优惠政策，如起征点优惠、城镇退役士兵自谋职业税收优惠、高校毕业生税收优惠等政策执行力较弱，让真正能享受到优惠政策的人受到限制。余红艳（2015）认为，我国现行促进就业税收政策稳定性较差，形式单一、灵活性不足，短期性色彩强、可持续性发展弱。王晓伟（2018）认为，我国现行促进就业税收政策存在较为单一的问题，因为就业涵盖了不同的主体，而不同主体之间存在着差异性，较为单一的促进就业税收政策在一定程度上加大了不同主体之间的不公平。马海涛和王斐然（2020）认为，当前我国税收政策无法应对产业间具有异质性的就业问题，而且个人税负因素严重抑制了就业的增长，这是对就业产生消极影响的最主要因素。王春成（2009）指出，当前我国促进就业的税收政策过渡性、临时性色彩强，很少考虑到政策设计的整体性、长效性以及系统性。李颖（2017）认为，当前我国促进就业创业的税收优惠政策过于碎片化、短期化。王琦玥（2016）认为，制定税收政策目的是为了促进就业，缓解就业难的形势，而我国制定的促进就业税收政策都是相互独立的，还没有形成系统全面的税收政策体系，不同政策缺少相互之间的协调，这样虽然增加了政策实施的针对性，但是缺乏系统性和规范性，而且现行政策涉及的范围小，无法满足特定人群的就业需求。就业研究课题组（2017）认为，我国鼓励就业创业的税收优惠政策普惠程度不高，覆盖范围有限，仅仅惠及特定群体，这部分群体仅仅是潜在就业创业群体的一小部分。马章函（2017）、李霞影（2017）都认为，我国现行促进就业的税收政策优惠力度不够，主要体现在对高新技术企业和中小型企业的优惠力度不足。包健（2013）认为，当前促进就业税收政策多侧重于减轻创业企业发展期的负担，而无法满足处于不同成长时期的创业企业的不同需求。栾福明（2016）认为，在我国促进就业税收政策中，95%以上的政策都属于直接优惠，客观上使得许多处于起步阶段的个人或企业被排斥在税收政策受惠范围之外，这对于初创期和成长期的就业创业活动十分不利。邢玉敏（2016）认为，当前的促进就业税收政策提供的就业机会过少，忽视了农村剩余劳动力的就业问题，而且缺乏长期的帮扶政策。张巍滔（2016）认为，当前我国促进就业税收政策的覆盖面局限在城市和相对发达的地区，很少渗透到农村地区，而且制定的政策不具有灵活性，难以适应就业形势的新变化。胡铁寨（2015）认为，促进就业的相关税收政策欠缺公平，优惠对象不够广泛，扶持力度有待加强。张杏会（2018）指出，对于促进失业人员再就业的税收政策不够完善，主要表现为优惠范围较窄。

1.2.1.6 国外促进就业税收政策的经验借鉴

徐建华（2014）指出，发达国家制定促进就业税收政策的针对性很强，它们将大企业与中小企业进行明确区分，并主要制定适用于中小企业的优惠政策，这类税收政策更具针对性和有效性，能有效地扶持和引导中小企业长期稳定发展，促进就业。金定鑫（2019）提出，多数西方国家建立了较为系统、完善的中小企业税收支持政策体系，包括税收减免、税率优惠等，应用于鼓励中小企业吸纳就业等方面。孙维和闻学颖（2014）对美国、英国、法国等发达国家促进就业税收政策分析总结，认为我国在设计促进就业税收政策时应以公平税负为主要方向，结合税收抵免、加速折旧等多种优惠形式，同时，应制定更加系统全面的税收实体法律，不断完善税收征管的服务流程。宋凤玲（2017）通过分析韩国利用税收优惠推动就业的相关政策，认为我国在制定促进就业税收政策时应调整税法层级，明确实施目标，降低优惠门槛，转变优惠方式，由直接优惠方式转变为间接优惠方式。徐昭君（2016）对发达国家促进大众创业的税收政策归纳对比，发现发达国家出台的创业税收政策在系统考虑创业者需求和创业企业发展规律的基础上，根据创业企业所处不同的成长阶段，制定相应的税收政策，政策系统性、针对性强。罗慧慧（2017）通过分

析研究法国和德国促进创业的就业保障体系，提出法国构建创业拉动就业、扶持中小企业发展的税收政策体系，德国在教育培训、失业保障等方面建立较为完善的就业扶持税收政策体系等，都是我国可借鉴之处。徐晓莉等（2018）在研究德国促进就业税收政策后，发现德国通过减少企业的宗教税、将短期工的个人所得税免征限额提高等措施，为企业和个人纳税“减负”，提高了就业水平。

1.2.1.7　我国促进就业税收政策的优化建议

安徽省财政厅课题组（2012）指出，在“十二五”纲要首次提出的就业优先战略指导下，促进就业应以财税扶持为主要方向，考虑政策的长期有效性，健全就业长效机制。孙岩岩（2014）认为，设计促进就业的税收政策，应建立长期的税收激励机制，支持弱势群体就业，并保持相对稳定。王琦玥（2016）认为，促进就业税收政策的实施是为了解决长期的就业问题，而不是解决当前短期的就业问题，因此，要拉长税收优惠期限，降低实施税收优惠的标准，以便所有劳动人员和企业都可以享受到相关促进就业税收政策。马克和（2014）认为，当前促进就业的税收政策实施期限过于短暂，需要建立促进就业税收政策的长效机制。

胡荣芳和张彦英（2012）认为，应通过降低税收负担、调整税目和税率以及规范税收优惠政策体系等方式来发展第三产业，增大其吸纳就业能力。温杰（2010）认为，政府可以通过税收政策继续鼓励产业升级以及促进劳动力素质的提高，进而使得产业结构与就业结构更加匹配。王春雷（2007）提出，就业税收政策应该向就业弹性较大的领域倾斜，即向第三产业倾斜，加大该产业税收优惠力度。杨森平和刘雪雪（2016）则提出，政府可以充分运用税收杠杆，加大对就业率高的产业的扶持力度，优化对第二产业中技术密集型企业的税收政策，调整工业生产结构。左胜强（2020）认为，为了促进就业，应进一步降低企业所得税税率，并对劳动密集型产业给予特别的企业所得税优惠待遇。解素艳（2017）提出，要充分发挥对第三产业的税收优惠作用，进一步扩大第三产业的就业吸纳能力，建议对第三产业实行比第一和第二产业更低的企业所得税税率。鲁元平、杨芳和张静堃（2020）认为，完善区域性税收优惠政策，发挥税收对稳就业的积极作用至关重要。郭宇（2019）认为，为前往经济不发达地区就业的群体提供更为优厚的税收优惠，能够促进更多人才服务于边远地区的经济开发。

周波和张兆强（2015）认为，应适当降低税收优惠政策标准，实行结构性减税和普遍性降费，扩大政策受惠群体，使不同行业、不同性质的企业均能受益。关大圣（2013）提出，逐步放宽对一般纳税人认定标准，扩大增值税抵扣政策适用范围，使中小企业享受与一般纳税人同等待遇。高银玲和徐思奇（2016）认为，应将中小企业作为提高就业水平的突破口，提出要出台扶持中小企业的相关税收政策，如适当降低小规模纳税人的征收率、对中小企业实施多种形式的企业所得税优惠等。何代欣（2020）认为，小微企业和个体工商户很可能成为未来一段时间灵活就业和解决摩擦性、非自愿失业再就业的主要渠道，应积极探索为小微企业和个体工商户提供规模适度的税收优惠。冯海波和陆倩倩（2020）提出，普惠性减税和结构性减税政策要相结合，进一步降低中小企业的总体税收负担，尤其是降低增值税负担，要对国有与非国有中小企业实行一视同仁的减税举措，充分认识到私营中小企业在稳就业中的优势所在。张龙（2012）主张，应逐渐将直接优惠向间接优惠转变，同时，考虑放宽中小企业税前扣除范围和加大扣除比例。

马海涛和王斐然（2020）提出，提高对企业教育培训的税收优惠，引导企业增加教育培训投入；优化个人所得税继续教育专项附加扣除政策，降低劳动者税负。杨华（2015）强调了提高就业者实践能力的重要性，提出对于为大学生提供实习机会、与大学合作建立大学生实习基地的企业给予专项财政补贴与税收减免。何代欣、马昆姝和王周飞（2015）认为，应落实公益性职业培训项目的税收优惠政策。方重和梅玉华（2008）认为，税收政策在就业上应将重心置于对劳动力技能、素质以及市场的培养和培育上。

詹芳香（2010）提出，国家应在保持社会经济正常发展的前提下，通过延长减免税收的期限、提高征税的起征点、优惠税率等方式，对大学生创业给予更明显的政策倾斜。李炜光（2016）认为，以商品税为主的税制结构与当前鼓励就业创业的政策是逆向而行的，建议建立以轻型税收为特色的税制组合。王阳（2017）认为，创造公平竞争的市场和法制环境是激励创业的基本要素，应制定对所有创业者一视同仁的普惠性税收政策，进一步简政放权，拓展创业新空间，落实负面清单制度。匡小平和肖建华（2008）认为，税收政策应从企业的组织方式、创业资金的支持和高新技术产业的自主创新以及农村地区的“普九”教育三个点来缓解就业压力。顾严（2011）认为，创业环境、创业活动的投融资支持以及创业就业信息化建设是税收政策促进就业的着力点。

1.2.2　国外研究现状

从研究内容来看，国外学者对就业税收政策的研究主要涵盖就业与经济增长的理论、税收与就业的关系、税收政策影响就业的效应分析和促进就业税收政策的优化建议等方面。

1.2.2.1　就业与经济增长的理论

西方经济学研究的核心问题之一就是就业问题，凯恩斯（Keynes，1936）建立起作为凯恩斯就业理论出发点的有效需求不足理论，他认为在面临私人投资不足时，如果让国家干预经济，实行减税能增加有效需求，促进经济发展和充分就业。威廉·阿瑟·刘易斯（William Arthur Lewis，1954）提出“二元经济发展理论”，他认为农业部门的生产效率较低且有大量劳动力，剩余工业部门的劳动生产率和薪资水平更高，农村剩余劳动力在此驱动下将向工业部门转移，假如工业部门没有充分的资本从农业部门吸收掉剩余劳动力，失业将逐步出现。科林·克拉克（Colin Clark，1940）在威廉·佩蒂（William Petty，1662）的基础上深入分析了就业人口在不同产业中分布结构的变动趋势，得出了有关劳动力分布与产业结构之间存在的演变规律，并论证了人均国民收入水平越高的国家，第二产业和第三产业吸收劳动力的能力相对越好。阿瑟·奥肯（Arthur M Okun，1962）发现，在经济波动过程中，GDP 增长率与失业率反向相关，GDP 每提高 3 个百分点，失业率降低 1 个百分点。

1.2.2.2　税收与就业的关系

达韦里和塔贝里尼（Daveri & Tabellini，2000）认为，欧洲很多国家，经济下行、就业率低的一个重要原因就是增加对劳动力的税收，导致劳动力成本增加。米凯利斯（Michaelis，2006）通过对美国的研究，发现对资本征税减少就业，对劳动征税能够促进就业。博伊涅茨和科希特（Bojnecs & Kosit，2006）

通过对欧盟国家的研究，表明对劳动征税不利于就业增长。科斯凯拉（Koskela，2002）也认为，对资本的征税会使得资本的相对价格更高，企业更倾向于用劳动替代资本，就业增加；如果对劳动征税，使得劳动的价格相对更高，企业将更多选择资本，就业减少。特文·戴维斯和马格努斯·亨雷克森（Teven Davis & Magnus Henrekson，2005）研究发现，对劳动所得课税会使纳税人减少劳动，增加非征税活动；另外，他们比较分析经济合作与发展组织中的国家，发现税收每上升 1 个百分点，平均每人每年减少 9.53 个工作小时，就业与人口比率下降 0.38%。威莱布弗里茨和亚历山德拉·比比（Willeleibfritz & Alexandra Bibbee，1997）对经济合作与发展组织国家进行实证分析，发现减小对劳动课税的力度并增加工资的弹性，不仅可以提高劳动供给和需求，增加产出，而且可以增加就业。科斯凯拉和埃尔基（Koskela & Erkki，2002）认为，在保持税收中性原则下，在对劳动降低税率的同时提高资本要素的税率，会极大地改变生产决策，企业会选择用更多的劳动要素而减少资本要素的使用。斯科西和坦贾（Skosi & Tanja，2006）运用 OLS 回归方法，分析了对劳动课税影响就业的程度，结果发现，欧盟国家劳动税对失业的影响较弱，但随着研究的深入，发现增加劳动成本会抑制整个欧盟的就业增长。

1.2.2.3 税收政策影响就业的效应分析

爱德华·普雷斯科特（Edward Prescott，2004）选择了两个不同的时间段，比较分析了七个主要发达国家的 GDP 和劳动供给要素，发现不同国家劳动供给存在差异的原因主要在于各国税制的不同，高税负会减少劳动力供给。亨里克·雅各布森和克来文（Henrik Jacobsen & Kleven，2004）在假定双重劳动力市场的情况下，发现税负由第二劳动力市场向第一劳动力市场转移，对就业的影响是不确定的，而且即使能提高总就业水平，但由于第一劳动力市场税负增加，将增加低收入工作而减少高收入工作，从而降低经济效率。安德烈·席尔瓦（Andre C Silva，2008）对欧洲国家和美国的税率对劳动供给的影响进行了分析，认为增税扭曲了劳动力供给从而大幅减少福利。坦济（Tanzi，2000）认为，税率变动对不同类型的劳动群体有不同的影响，对于普通劳动者而言，收入效应与替代效应一起发挥效果后，对其劳动供给行为几乎不会有影响，但对特殊劳动者来说，边际税率的变动会改变其行为，影响劳动供给。罗伯特·卡洛尔和马克·瑞德（Robert Carroll & Mark Rider，1998）通过分析1985年减税前后美国私营企业纳税相关资料，发现个人所得税税负与企业雇用劳动力数量反向相关。唐纳德·布鲁塞和穆罕默德·莫辛（Donald Brucehe & Mohammed Mohsin，2006）利用回归分析的方法分析了美国税收优惠政策对自我雇佣型创业企业的影响，结果表明，企业所得税和个人所得税的税率差异会影响创业活动。穆伊和尼科德梅（De Mooij & Nicodeme，2006）通过研究欧盟数据，认为较低的法人所得税税率鼓励人们选择创业而不是被雇用，从而增加了创业活动。荣奎斯特和斯莫扬斯基（Ljungqvist & Smolyansky，2014）通过研究美国1970～2010年所有州的企业所得税税率的变化，发现企业所得税税率的提高将导致就业和工资收入大幅减少，但企业所得税减税一般只会在经济衰退时期起作用。马丁内斯和安东尼奥（Martinez & Antonio，2019）利用最新巴西B3证券交易所上市的巴西非金融公司数据，研究了有效税率与民营企业创造就业机会之间是否存在关联，结果显示，在纳税积极性较低的公司中，减轻税收负担可能会刺激创造就业机会，而在纳税积极性较高的公司中，减税可能会导致创造就业机会减少的不良后果。阿特金森和塔林（Atkinson & Taryn，2019）对加利福尼亚税收竞争抵免（CCTC）政策评析发现，该旨在鼓励企业在加利福尼亚投资和创造就业机会的税收减免政策并没有显著增加加利福尼亚的就业或促进经济增长。詹切特（Jentsch et al.，2019）分别利用结构向量自回归模型对美国1950～2006年的季度数据进行动态分析，均未发现企业所得税税率变化对企业劳动需求产生显著影响。亚茨科夫斯卡娅（Yatskovskaya E，2012）利用固定效应和中介效应面板回归模型对美国1998～2008年18个行业的180家企业数据进行实证研究，发现针对目标人群就业的税收抵免优惠政策，其实施效果不显著，实现就业的途径需要依赖于大幅减税。

1.2.2.4 促进就业税收政策的优化建议

任何一项研究最终都是为了解决一定的问题，西方学者也是一样，为了解决失业问题，每个学者都竭尽全力奉献自己的力量。皮萨里德斯（Pissarides，1998）认为，在并不是很完善的劳动力市场中，提高劳动所得税的累进程度，会促进低收入者就业。科塞拉和埃尔基（Kosela & Erkki，2002）认为，在非自愿失业的环境中，政府应该从源头对资本所得课税，加大资本课税强度而减少对劳动的课税，促使企业增加劳动要素，减少资本要素，从而减少失业，并提高国内福利水平。米夏利斯（Michaelis，2006）则认为，对资本所得从轻课税的同时提高工薪税，能更好地促进经济增长从而带动就业。克里斯蒂安·库施尼格（Christian keuschnigg，2004）指出，降低资本利得税会使创业活动的利润上升，有利于增加创业活动，特别有助于提高高新技术创业企业的存活率。博克索尔、彼得和约翰·珀塞尔（Boxall，Peter F & John Purcell，2003）认为，要想达到促进就业的目的，首先应从整体上降低宏观税率，并对有差异的产业和企业实行差别税率；其次应对吸收劳动力强的行业给予大幅度优惠。卢茨阿尔滕堡和马丁·斯特劳布（Lutz Altenburg & Martin Straub，2002）指出，对企业实施减税政策可以有效降低劳动力成本，增加劳动力需求。哈登和霍伊特（Harden J & Hoyt H，2003）对美国 1980～1994 年企业所得税税率与就业增长之间的关系进行实证分析，发现两者反向相关，建议适当降低国内的企业所得税税率，以促进就业增长。

1.2.3 文献评述

综上所述，国内外学者关于促进就业税收政策的研究成果较多，为解决就业问题做出了应有的贡献。虽然各国利用税收政策支持就业的侧重方向与政策选择有所不同，但税收政策在解决就业问题上的作用是不容忽视的，如何发挥好税收政策的引导作用和相关配套措施的推动作用对提升就业至关重要。通过梳理国内外学者对促进就业税收政策的研究成果，可以发现在国内外学者取得大量成果的同时，还存在一些不足。一是侧重于找出问题和效果评判，已有的促进就业税收政策研究多数为理论方面的分析，促进就业税收政策实施效果的实证分析相对较少，且统计或计量工具使用较少，分析方法的规范性及问题分析的细致性和深入性需进一步加强。二是对促进就业税收政策的长效性关注不够，已有的研究中短期性的研究成果较多，所提税收政策建议的长期性、稳定性及可持续性有待于进一步检验和论证。三是研究重点在于扩大就业数量，从税收政策角度探讨提高就业质量的研究仍然较少，与当前“实现更充分更高质量就业”的政策导向衔接不够。

因此，本书同时从经济和政策两方面出发，定性分析税收政策如何影响劳动力需求与供给，定量分析就业税收政策的效应及执行情况，在此基础上，根据现行就业税收政策存在的问题，借鉴国外经验，从长期性视角出发，基于“实现更充分更高质量就业”的背景，提出优化我国就业税收政策的原则和建议。

1.3　研究方法和框架结构

1.3.1　研究方法

本书在对促进就业的税收政策进行分析时，使用了以下三种方法。

一是文献研究法。对任何一篇论文或本书而言，无论是其选题还是之后的进一步分析，都需要阅读大量的国内外文献，了解该选题相关的研究资料，并从中提炼出自己的观点以及找出可以改进的地方。本书在撰写前期收集整理了大量的相关文献，为本书撰写积累了丰富的参考资料。

二是比较分析法。本书充分利用比较分析的研究方法，对国外促进就业的税收政策进行比较分析，在此基础上，总结可供我国借鉴的经验，为提出就业税收政策的优化建议提供参考。

三是实证分析法。本书在扩展柯布—道格拉斯生产函数的基础上构建计量模型，探讨就业税收政策对劳动总需求的影响程度；运用向量自回归模型（VAR）研究不同税种对劳动总供给的影响，厘清劳动总供给对不同税种变动冲击的响应路径；通过线性回归与结构方程模型，对现行促进就业税收政策的执行情况展开分析。通过以上实证分析，为完善就业税收政策提供必要的数据支撑。

1.3.2　框架结构

本书运用文献研究法、比较分析法及实证分析法，阐述税收政策促进就业的相关理论，对现行促进就业的税收政策进行梳理，围绕就业税收政策的效应进行实证分析，对现行促进就业税收政策的执行情况进行调查分析，探究促进就业税收政策存在的主要问题。在此基础上，借鉴国外经验，提出优化就业税收政策的原则及建议，为积极构建就业税收政策体系提供参考。围绕主题，本书共分为 8 章，具体安排如下。

第 1 章，绪论。首先，阐述选题背景及研究意义；其次，归纳总结国内外学者已有的促进就业税收政策的研究成果；最后，介绍本书的研究方法和框架结构。

第 2 章，就业税收政策理论分析。首先，对就业和就业政策的概念进行界定；其次，阐述就业的理论基础，包括古典学派就业理论、凯恩斯及新凯恩斯主义就业理论、供给学派就业理论、新古典综合派就业理论、货币主义学派就业理论等；最后，分析税收政策促进就业的作用机理，包括税收政策对劳动力需求的影响、税收政策对劳动力供给的影响等。

第 3 章，我国就业现状分析。首先，阐述我国就业形势的基本特征；其次，分析我国就业存在的问题，包括劳动力供求矛盾突出、就业结构性矛盾突出、就业总量压力大等；最后，总结我国就业问题的成因，主要为教育体制改革滞后、区域发展不协调、经济结构升级调整、世界经济格局发生巨变、新冠肺炎疫情的冲击等。

第 4 章，我国现行促进就业税收政策分析。首先，对我国现行促进就业的税收政策进行归纳整理，主要分为直接促进就业的税收政策与间接促进就业的税收政策；其次，分析我国现行促进就业税收政策存在的问题，主要有税收政策长效性不够、受惠对象覆盖面过窄、税收优惠形式单一、税收政策针对性较差、享受税收优惠门槛偏高、税收政策法律层级较低等。

第 5 章，我国就业税收政策的效应分析。首先，对我国就业税收政策的劳动总需求效应进行实证分析；其次，对我国就业税收政策的劳动总供给效应进行实证分析。研究结果表明：从劳动需求角度分析，提高企业所得税税收负担会减少企业从业人员数，造成劳动总需求的减少。从劳动供给角度分析，增值税冲击对劳动总供给在短期内并未显著发挥正向的促进作用，长期的就业效应较为明显；社会保障税无论在短期还是长期均对劳动总供给产生正向的推动作用；个人所得税对劳动总供给具有负向作用。增值税和社会保障税对劳动总供给的正向促进作用有可能会被个人所得税对劳动总供给的抑制作用所抵消。

第 6 章，我国现行促进就业税收政策执行情况的调查分析——以江西省为例。通过问卷调查的方式，以江西省为例，对我国现行促进就业税收政策执行情况进行调查分析，主要包括政策宣传情况、政策受惠情况、政策评价情况、问题及建议调查情况。利用线性回归与结构方程模型的研究方法，对问卷调查数据进行实证分析，得出以下结论：在个体工商户群体中，就业政策了解情况、就业政策宣传和落实到位情况与政策效果显著相关，其中，就业政策宣传和落实到位情况对政策效果影响最为明显。在企业群体中，政策执行程度、政策评价对企业评价特殊人群、企业税负感知不仅有直接作用，相互还能通过间接影响并传导至企业评价特殊人群和企业税负感知，影响效果显著。

第 7 章，国外促进就业税收政策及经验借鉴。首先，对典型国家促进就业的税收政策归纳整理，主要分为鼓励企业吸收人员就业的税收政策、鼓励企业安置特定群体就业的税收政策、加强职业教育的税收政策、促进经济发展的税收政策以及其他促进就业的税收政策。其次，总结国外促进就业税收政策可供我国借鉴的经验，主要包括税收政策普惠性强、税收政策形式多样、税收政策受惠对象广、税收政策灵活性高、税收政策注重职业培训等。

第 8 章，优化我国就业税收政策的原则及建议。针对我国现行促进就业税收政策存在的问题，提出优化我国就业税收政策的原则、建议及配套措施。原则包括：公平与效率原则、长效性与前瞻性原则、统筹发展原则等；建议包括：延长税收政策实施期限、扩大税收政策优惠范围、丰富税收政策优惠形式、强化税收政策针对性、降低享受税收优惠门槛、提高税收政策法律层级、增强税收政策就业效应等；配套措施包括：加大税收政策宣传力度、优化税收优惠事项办理、加大多方监督力度、建立政策反馈机制、完善社会保障制度等。

本书的研究框架如图 1 - 1 所示。

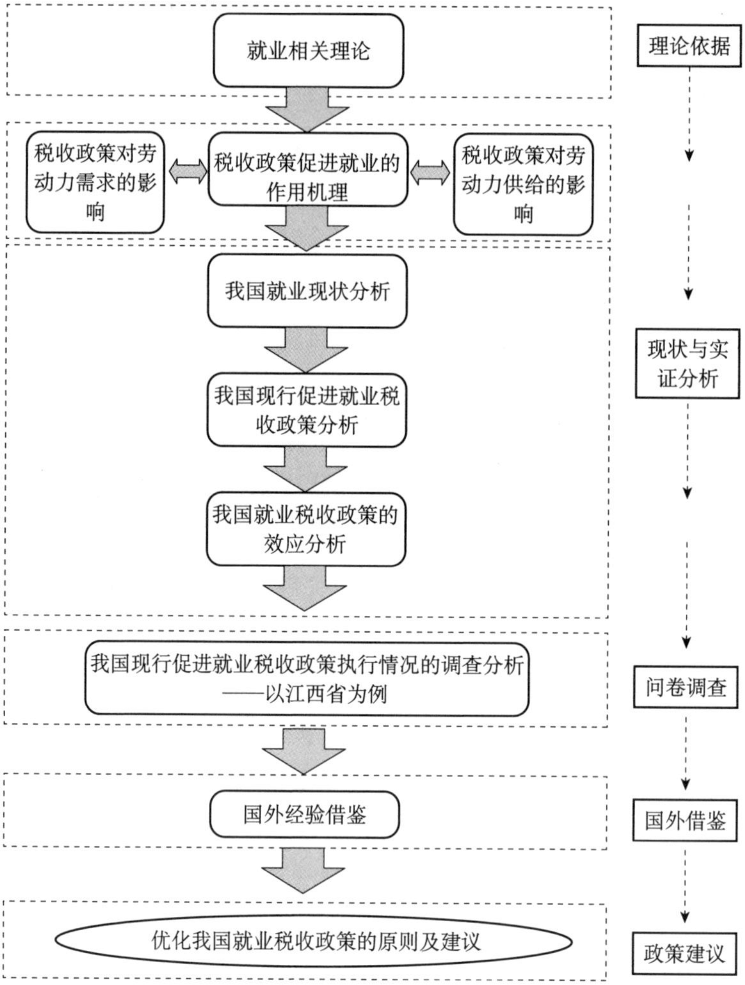

就业相关理论

税收政策对劳动力需求的影响

税收政策促进就业的作用机理

税收政策对劳动力供给的影响

我国就业现状分析

我国现行促进就业税收政策分析

我国就业税收政策的效应分析

我国现行促进就业税收政策执行情况的调查分析——以江西省为例

国外经验借鉴

优化我国就业税收政策的原则及建议

理论依据

现状与实证分析

问卷调查

国外借鉴

政策建议

图1－1　本书的研究框架

第 2 章

就业税收政策理论分析

2.1 相关概念界定

2.1.1 就业

随着分工与交换的产生与发展，劳动者与生产资料相分离，就业的概念及其所涵盖的社会现象逐渐被人们认识。就业的本质是劳动者将其劳动能力作为一种商品，在市场上自由出售，获得了享有一定劳务报酬的从事生产或非生产经营活动的机会。在我国，普遍认为就业是指在一定年龄内有劳动能力和劳动欲望的人们为获取一定收入而以特定的方式参与社会劳动的一种经济活动。一般而言，管理当局界定就业主要从以下三点进行：一是就业条件，首先劳动者必须满足一定年龄，在我国是指 16 周岁，特殊职业 18 周岁以上，其次劳动者需具有劳动能力和劳动愿望；二是收入条件，即劳动者工作不是无偿的，而是能获得一定的劳务报酬；三是时间条件，即劳动者每周工作的长度。

衡量就业状况的指标通常有就业率和失业率，其中，就业率与失业率之和为 1。在本书中，主要使用失业率这一指标，失业率是反映一个国家或地区劳动力资源闲置程度的核心指标，一般来讲，失业率上升意味着更多的劳动力资源不能得到有效的利用，失业者增加从而导致社会总需求下降，经济增长动力也会减弱。因此，各国政府历来都把失业率作为判断宏观经济运行状况和劳动力市场景气程度，进而出台或调整相关宏观经济政策和就业政策的重要依据。

失业率的高低，与国家的宏观经济、货币政策、股市走向等休戚相关，另外，失业率还综合反映了劳动力市场结构、制度等多方面信息。其计算公式为：

$$失业率 = \frac{失业人口数}{就业人口数 + 失业人口数} \times 100\%$$

在经济学理论中，劳动年龄人口可以按照就业状况分为三类，即就业、失业和非劳动力。如果其有工作就属于就业；如果其没有工作，但愿意工作并寻找工作，则属于失业；如果其没有工作，既不愿意工作也未寻找工作，则属于非劳动力。因此，失业人员是指在一定的劳动年龄内（16 周岁至退休年龄），有劳动能力，无业而要求就业的人员。

2.1.2 就业政策

就业政策是指政府或就业群体在就业制度框架下的一系列具体的操作规则，其限制了劳动力市场行为模式，明确了劳动交换的条件约束。制定就业政策主要是为了解决失业人员的再就业问题和新生劳动力的初次就业问题。自新中国成立以来，就业问题一直就是政府关注的重点，我国也出现过数次失业高峰。在不同的社会条件下，政府会制定不同的就业政策，如在计划经济体制下实施城镇全面就业的政策手段，在市场机制下实施竞争就业的政策手段。

就业政策是国家经济政策的一个重要组成部分，可以减少就业过程中的不确定因素发生，为就业营造良好的环境，其主要包括利用税收政策等调动劳动力需求的充分就业政策、加强基础教育等消除劳动力就业障碍的人力政策以及改善劳动力市场运行的就业服务和失业保险政策。

2.2 理论基础

2.2.1 古典学派就业理论

西方较早发展起来的就业理论是古典学派就业理论，其代表人物法国经济学家萨伊提出供给可以自己创造需求，经济主体既是消费者，也是生产者。不仅如此，每个理性的要素生产者目标都是生产、销售最大化，于是商品、货币、劳动力市场都能自行调节实现均衡，进而达到充分就业。后人将这一规律概括为“萨伊定律”。

此后，新古典经济学派代表学者马歇尔、庇古等对萨伊的思想进行了继承和发展。他们承认劳动市场的不完全性，工资刚性会导致劳动市场失衡。但是，他们只承认摩擦性失业和自愿失业，而且这种失衡可以完全依靠市场的自发调节得以解决。庇古认为，在完全竞争下，实际工资和就业量会和劳动力市场的供求同步变化，最后达到充分就业。因此，古典学派在就业方面的主张是自由放任，认为经济社会可以在完全竞争下自发调整至充分就业的状态；在税收政策的选择上，主张税收中性，政府不应当过多干预。

2.2.2　凯恩斯及新凯恩斯主义就业理论

1929 ~ 1933 年，一场空前经济危机袭击了整个资本市场，经济持续萧条，大部分工人失业。根据有关数据统计，美国失业人数从 1930 年 10 月的 463.9 万人上升到 1933 年初的 1300 万人，在危机期间，破产企业甚至达到 14 万家以上，倒闭银行超过 6000 家。① 这完全颠覆了古典经济学派主张的市场能自动实现就业的观点，而凯恩斯所提出的新的经济学理论承认了危机与失业，并论证了资本主义制度可以防止危机和失业，该理论深受统治阶级和统治集团的喜爱，于是凯恩斯经济学应运而生。

1936 年，凯恩斯的《就业、利息和货币通论》现世，从理论上支持资本主义国家采取政府干预的方式摆脱经济危机。凯恩斯承认三种失业，包括由于劳动市场的不完全性或暂时性的失调而偶然出现的摩擦性失业；客观上有工作岗位，但劳动者由于种种原因而不愿就业所造成的自愿失业；由于社会对商品的需求不足，以致企业减少吸收愿意工作的人去工作而造成的非自愿性失业。一国的国民经济任何一个时期都有一个唯一决定性的就业量，它是全体厂商在效用最大化的情况下提供给该国居民的，这一就业量与整个国民经济生产水平密切相关，是由总供给函数与总需求函数相交点所决定的。在凯恩斯看来，投资和消费构成总需求，消费和投资任何一个需求不足都会导致有效需求不足，而充分就业又依赖有效需求，有效需求不足是持续大规模失业的根本原因，因

① 杨贤才，张世晴. 凯恩斯学派就业理论及其政策主张对中国的启示 [J]. 现代管理科学，2014 (11)：36 - 38.

此，其更强调非自愿失业。

继而，凯恩斯提出导致有效需求不足的原因主要有两点：一是随着收入的逐步增加，边际消费倾向在下降，消费增长不能跟上收入的增长，导致消费需求不足。二是随着投资的增加，资本的边际效率下降，再加上灵活偏好的作用，在货币短缺的情况下，利息率下降有限，缺乏吸引力，使得投资需求不足。因此，凯恩斯认为要实现充分就业，不能仅仅通过调节市场价格、工资等因素，更要充分发挥政府的作用，运用赤字融资政策加大政府投资力度，进而促进民间投资和经济增长，实现充分就业。凯恩斯认为，国家对经济干预的形式主要表现在两个方面：一是运用财政政策，二是运用货币政策。其中，财政政策的主要内容是，在经济衰退时，应扩大政府开支和实行减税；货币政策的主要内容是，要通过中央银行调节货币供应量，以影响利息率的变动来间接影响社会总需求。凯恩斯虽然提出了以财政政策与货币政策来共同调节社会需求的办法，但他更注重财政政策的作用，认为货币政策只起辅助作用。

新凯恩斯主义的代表人物索洛、林德贝克和斯蒂格里茨等在凯恩斯就业理论的基础上，进一步提出了解决就业的措施：第一，根据林德贝克和斯诺尔提出的“内部人—外部人”理论，即正在工作的“内部人”比市场中失业的“外部人”具有就业优势。因此，提出要适当削减在职工人工资确定方面的权力，减少失业者再就业的壁垒。第二，根据索洛提出的效率工资理论，可知工资水平越高，劳动效率越高。因此，他们认为，应该促使企业与劳动者签订与生产效率相关的弹性工资契约，以提高就业量。

2.2.3 供给学派就业理论

自凯恩斯理论提出之后，以美国为代表的西方国家在很长一段时间都以凯恩斯及其继承者的理论和方法来解决失业等宏观经济问题。但自 20 世纪 70 年代以来，西方国家出现了以滞胀为特征的结构性危机，这场危机使得整个资本主义世界工业生产急剧下降，许多企业运营失败。而作为西方经济学主流的凯恩斯主义经济学说却难以解释这一现象，再加上先前提倡的强化国家干预政策的某些弊端凸显，社会矛盾加剧，促使西方国家考虑做出相应的政策调整。在这一背景下，供给学派逐渐受到重视。

供给学派承继了新古典主义中的部分观点，从供给方面寻求促进经济增长、实现充分就业的途径。在促进劳动力就业的问题上，供给学派主张完全依靠劳动力市场自身解决，通过完善劳动力市场运行机制，解决劳动力市场失灵。他们认为，凯恩斯主义只重视需求分析，不考虑供给因素的影响，在萧条和衰退时期勉强能促进就业，但在通货膨胀时期，总需求明显超过总供给，难以从需求水平上解决供给不足的问题，因此，应将主要力量放在刺激生产上，鼓励个人和企业进行生产储蓄，更加勤奋地工作，更积极地投资，以扩大供给，填补总需求与总供给之间的差额。

供给学派着重分析税制对生产要素供给和利用的效果。他们指出，经济主体从事经营活动所关心的并不是获得的报酬或利润总额，而是减去各种纳税后的报酬或利润净额。在累进税制条件下，边际税率又是关键因素。因为经济主体是否增加劳动，或增加储蓄和投资，要看按边际税率纳税后增加的净报酬是否合算。而税率影响经济主体行为是通过相对价格变化实现的，税率提高，纳税后净报酬减少。就劳动力而言，这意味着休闲相对于工作价格是下降的，人们就会选择休闲而不去工作，劳动力供给就会减少。

因此，供给学派竭力主张大幅度减税，主要是降低个人所得税，通过降低边际税率，消除劳动所得税率和非劳动所得税率的差异来实现促进就业的目的。与凯恩斯需求理论不同，供给学派认为创造就业机会主要靠个人而非公共部门。由于政府支出的扩大并不能使就业增加，因此，要真正实现增加就业，首要是促进经济增长，从而增加劳动力供给，也就是由经济增长带动就业岗位的增加。供给学派认为，市场机制具有自动调节功能，在劳动力市场上会促使劳动力供给创造出新的需求，进而增加就业。

2.2.4 新古典综合派就业理论

“新古典综合派”又称“美国剑桥学派”，其代表人物有萨缪尔森、莫迪里安尼、索洛和托宾。该学派在维护凯恩斯学说的前提下，使其同以马歇尔为代表的新古典学派的某些学说综合起来，形成了一套新的理论体系。在经济政策上，新古典综合派主张运用财政政策和货币政策调节总需求，以减少失业、消除危机；在经济制度方面，主张混合经济论，即公私机构共同对经济施行控制。其核心思想是在采取凯恩斯主义的宏观财政政策和货币政策来调节经济活动，使经济能避免过度的繁荣或萧条而趋于稳定的增长，实现充分就业的条件下，同马歇尔为代表的新古典经济学的价值论和分配论组合为一体。在财政政策与货币政策的关系方面，新古典综合派有两个基本主张：一是财政政策比货币政策更为重要，主张以财政政策为主刺激经济的增长；二是财政政策与货币政策的使用应“相机抉择”，由于财政政策和货币政策各有特点，作用的范围和程度不同，因此在对政策的选择时，或者对不同的政策手段搭配使用时，没有一个固定的模式，政府应根据不同情况灵活决定。

新古典综合派认为，要解决经济面临的一系列问题，在对需求进行分析的同时，还需要对供给进行分析。在 20 世纪 30 年代经济大危机的特定环境下，凯恩斯注重有效需求而忽视解决供给方面的重要性。而且长期以来，由于政府忽视了对供给问题的解决，造成了环境污染、公害横行、结构性失业等一系列问题，给社会造成了多种并发症。在这种情况下，新古典综合派认为还必须对供给进行分析。在结构性失业问题上，新古典综合派代表人物詹姆斯·托宾和杜生贝从劳工市场技术结构的角度进行探析，他们指出，劳工市场的结构包括技术结构、部门结构、区域结构、社会结构等方面。其中，劳工市场的技术结构是指劳工市场可以按照工人的技术状况来细分为若干个局部市场，每一个局部市场实际上都是一个狭窄的专业的劳动力供求市场，因此难以彼此替代。由于劳工市场供求结构方面的不相适应而造成的失业就是结构性失业。结构性失业表现为失业与职位空缺并存，而且二者数额经常是不相等的，即使相等，失业也不可能消失。因为在任何技术条件下，失业者都有可能由于技术工种不同或技术水平过低，而不能填补现存的职位空缺。在解决结构性失业问题的对策上，托宾强调政府要采取措施，调整劳工市场的结构，实行人力政策，主要是对劳动力重新训练和教育，把非熟练工人训练成有一定技术含量的工人，把不适合职位空缺要求的失业者训练成能满足雇主需求的工人，以缓和因劳工市场技术结构不相适应而造成的结构性失业。

2.2.5 货币主义学派就业理论

货币主义学派的代表人物弗里德曼提出了“自然失业率”这一假说。该假说认为，在货币因素保持不变的情况下，产品市场和劳动市场都能在市场机制的作用下，自发调整到均衡时的失业率水平。货币主义学派认为，凯恩斯的需求管理政策对解决资本主义经济中的失业问题是无效的甚至是有害的。因此，货币主义学派主张市场经济自主调节，以促进经济增长和实现就业增长。财政政策上体现为两个方面：第一，对企业进行减税，鼓励企业雇用或培训失业者，增加就业机会；第二，实行负所得税政策，对于低收入者，当其收入低于一定标准时，运用税收手段依据一定的税率水平计算出给予低收入者补助的数额。

2.3　税收政策促进就业的作用机理

每一项政策的制定与实施都是为了实现某一特定的功能，为研究就业税收政策中各要素的内在工作方式以及各要素在一定环境条件下相互联系、相互作用的运行规则和原理，本节将研究税收政策对劳动力需求和供给的影响。

2.3.1　税收政策对劳动力需求的影响

一般而言，基于税收乘数效应，实施一定规模的减税，有利于扩张社会总需求，进而带动就业增加。因此，缓解就业压力，一定程度上取决于增加劳动力需求。税收对劳动力需求的影响体现在税收对劳动力需求量的影响和税收对劳动力需求结构的影响两方面。

首先，税收优惠政策对于劳动力需求量的影响体现为规模效应，即决定企业劳动力需求量的是边际成本与边际收益的大小。如果边际收益小于边际成本，那么企业就会选择减少劳动力需求量；如果边际收益大于边际成本，那么企业为了实现利润最大化，将会增加劳动力需求量。当劳动边际成本和边际收益相等时所决定的劳动量就是企业所能接受的最大劳动量，也是最优劳动量。在其他条件既定的前提下，如果税收优惠政策使得企业的用工成本等生产产品的边际成本下降，假设此时产品的边际收益不变，那么产品的边际收益大于边际成本，企业为了实现利润最大化，则会扩大生产规模，相应地增加各种生产要素投入，从而使得企业劳动力需求增加。其次，税收优惠政策对于劳动力需求结构的影响体现为替代效应，即税收优惠政策会使得企业生产要素中资本与劳动力的相对价格发生改变，当劳动力的价格相对资本来说更低时，企业会选用相对便宜的劳动来代替资本，从而增加劳动力需求，同时减少对资本的需求。

税收优惠政策会直接和间接影响劳动力需求。首先，税收优惠政策可以促进经济增长和调整经济结构，进而间接影响劳动力的需求。一方面，根据奥肯定律，经济增长率与就业率正向相关，经济增长能够刺激和引导消费、投资，消费需求增加和投资规模的扩大，都会增加劳动力需求。即为了刺激经济，无论是实行普惠性税收优惠政策，还是针对特定产业、特定类型企业、特别地区出台的税收优惠政策，都将减少相应企业的生产经营成本，为企业争取更大的利润空间，而增加的利润会刺激企业扩大投资规模，从而增加劳动力需求。另一方面，根据配第—克拉克定理，随着经济的不断发展，第一产业和第二产业的就业量不断减少，劳动力趋于向第三产业转移。第三产业就业弹性逐渐增大，吸纳劳动力的能力也越来越强，税收优惠政策通过改变劳动力和资本这两个要素的相对比率，从而影响劳动力和资本在不同产业之间的需求结构。而三次产业的“劳动力/资本”比率各不相同，其中，第三产业两者的比率相对较高，利用税收优惠政策可以降低第三产业的相对税负，形成较高的“劳动力/资本”比率，不断优化产业结构，促进第三产业的发展，从而可以创造更多的就业岗位，增加劳动力需求。其次，税收优惠政策可以直接增加企业的劳动力需求。一方面，对创业人员给予税收优惠，直接激发个体创业的积极性，最终实现以创业来带动就业。另一方面，对企业雇用特定劳动人员（如残疾人、退役士兵、随军家属、转业军人、高校毕业生、下岗职工等）给予税收优惠，直接提高企业对特定劳动人员的需求，促进特定劳动群体就业。

2.3.2 税收政策对劳动力供给的影响

一般来说，税收政策对劳动力供给不会产生决定性的作用，但仍会对劳动力供给量和供给结构两方面产生影响。

首先，税收政策对劳动力供给量的影响体现为政府征税会对劳动力供给产生收入效应和替代效应，具体表现为影响劳动者对劳动时间和闲暇时间的选择。经济学理论假设个人的可支配时间是固定的，若个人增加劳动时间，则其闲暇时间必然会减少。税收优惠政策能对劳动力供给量产生影响，主要是因为其能改变个人的收入水平，即改变闲暇时间与劳动时间的相对价格，从而对劳动力供给产生收入效应和替代效应。

税收优惠政策的收入效应，是指减税增加了纳税人可自由支配的所得并改变了纳税人的相对所得状况，使得劳动者倾向于减少工作，增加闲暇。税收优惠政策的收入效应本身并不会造成经济效率的改变，它只表明资源从政府手中转移到纳税人手中。但因收入效应而引起纳税人对劳动、储蓄和投资等方面所做出的进一步反应则会造成经济的无效率。税收优惠政策的替代效应是指政府征税的减少提高了劳动者的实际工资水平，改变了纳税人提供劳动的机会成本，使得纳税人用劳动来代替闲暇。也就是说，税负降低后，劳动和闲暇的相对价格发生变化，劳动收入增加，闲暇成本也有所增加，促使劳动者增加劳动的时间，减少闲暇的时间。在对就业实施税收优惠政策的情况下，个人对闲暇与劳动的选择是在既定的约束条件下，使其效用最大化。因此，分析税收优惠政策对纳税人行为的影响，应对比其对劳动力供给产生的收入效应与替代效应的大小。当收入效应占主导地位时，减税会促使个体选择闲暇，减少工作，引起劳动力供给的减少；反之，个体将增加劳动力供给。对就业实施税收优惠政策会引起就业者两种不同的反应，其最终选择主要取决于收入效应与替代效应之间的净效应。

其次，税收政策对劳动力供给结构的影响主要体现为减税能够提高劳动力素质。当前，我国劳动者接受教育的年限不断提高，但还有一部分群体的受教育程度有限，提高劳动者的素质能从根本上帮助劳动者实现就业。而劳动者的素质形成虽有先天的因素，但更主要受后天因素影响。政府可以采取税收优惠政策鼓励企业增加用于教育、培训的支出，加大人力资本的投入，提高企业员工的受教育程度或者职业技能，使劳动者素质得到提高，劳动力技术技能得到改善，那么劳动者就能够掌握更多更复杂的技能，从而拥有更多的就业选择，进而提高劳动力供给水平。

第 3 章

我国就业现状分析

3.1 我国就业形势的基本特征

就业形势稳定是我国经济发展的一贯特征，是中国经济韧性最直观的反映。“十三五”时期以来，我国人口与经济结构继续加快转变，就业形势呈现以下主要特征：劳动年龄人口持续减少，全国就业总人口也出现转折性变化；就业形势稳定，失业水平仍处目标区间；就业结构继续优化，服务业和城镇就业比重稳步提高；就业质量持续改善，工资收入和社会保障水平稳步提高；就业环境持续改善，创业带动就业能力不断增强；人力资本水平显著提高，高技能人才队伍不断壮大，但劳动力资源配置效率较低。

劳动年龄人口持续减少，全国就业总人口也出现转折性变化。截至 2019 年底，中国 60 岁以上老人约为 2.54 亿人，失能人员超过 4000 万人。随着中国人口结构变化，老年人口逐年增长，高龄化加剧，中国已经进入老龄社会。① 预计到 2025 年，我国 60 岁以上人口占比将达到 20.5%，65 岁以上人口占比将接近 14.0%。2012 年底我国就业人员总数达到 76704 万人，是 1978 年就业总人数的 1.91 倍，34 年来年均增长率 1.48%。但是，自 2012 年起，我国劳动年龄人口的数量和比重连续 8 年出现双降，累计减少 2900 余万人，预计到“十四五”时期末，还将减少 2000 万人左右，比重下降至

---

① 民政部．2019 年民政事业发展统计公报［EB/OL］．民政部官网，2020－9－8.

61.5%。受劳动年龄人口持续减少的影响，“十四五”时期劳动力供给总量也将不断减少。①

就业形势稳定，失业水平仍处目标区间。从失业水平看，2019年末全国城镇调查失业率为5.2%，城镇登记失业率为3.6%。2020年全国城镇调查失业率在2月攀升到6.2%的历史高点，之后呈现阶梯式逐步下降趋势，3~5月维持在5.9%~6.0%的较高位，6~8月下降到5.6%~5.7%，9~10月降至5.4%和5.3%，10月同比只高出0.2个百分点。四季度，就业形势进一步回稳向好，12月失业率降至5.2%，与2019年同期持平；其中，25~59岁人口调查失业率为4.7%，与上年同期持平。2020年年均城镇调查失业率为5.6%，低于6%的预期目标。②

就业结构继续优化，服务业和城镇就业比重稳步提高。首先，我国第三产业就业人员比重持续上升。2004年，三次产业就业结构为46.9：22.5：30.6，第三产业就业人数占比已经超过30%。2014年，第三产业就业人员数为31364万人，三次产业就业结构为29.5：29.9：40.6，十年时间第三产业就业人数占比已经突破40%。2019年，第三产业就业规模为36721万人，相比2014年增加5357万人，三次产业就业结构变为25.1：27.5：47.4，由数据可知，第三产业就业人员比重在不断增加。其次，我国城镇就业比重也在不断提高。随着城镇化进程不断推进，城镇吸纳就业的能力持续增强，城镇就业人员比重稳步提升。具体来看，我国城镇就业人员的比重从2006年的39.5%上升到2014年的50.9%，2019年我国城镇就业人员的比重已经达到57.1%。这说明我国城乡就业结构有了明显的改善。③

就业质量持续改善，工资收入和社会保障水平稳步提高。首先，平均工资收入不断提高。2019年，城镇非私营单位就业人员平均工资为90501元，相比2014年增加34141元，增长60.58%，将平均实际工资指数（指平均实际工资扣除物价变动因素后的就业人员平均工资，即报告期就业人员平均工资指数

---

① 陈昌盛，许伟，兰宗敏，江宇．“十四五”时期，我国经济增速将有所放缓 风险管理难度加大［EB/OL］．经济形势报告网，2021-2-18.

② 国家统计局．2020年国民经济稳定恢复 主要目标完成好于预期［EB/OL］．国家统计局官网，2021-1-18.

③ 国家统计局．中国统计年鉴2020［M］．北京：中国统计出版社，2020.

与报告期城镇居民消费指数之比）考虑在内，2019 年平均实际工资指数为 106.8，2014 年该指数为 107.2，可以得出，我国平均工资收入水平正稳步提高。① 其次，我国的社会保障制度覆盖面不断扩大，从国企到一般企业，从城镇居民到农村居民，从正式职工到灵活就业者或无业者，越来越多的群体享受到社会保障的福利。2019 年，我国全年基本养老保险、失业保险、工伤保险三项社会保险基金收入合计 59130 亿元，比上年增加 2040 亿元，增长 3.6%；基金支出合计 54492 亿元，比上年增加 5285 亿元，增长 10.7%。2019 年全国参加失业保险人数为 20543 万人，比上年末增加 899 万人；年末全国领取失业保险金人数为 228 万人，比上年末增加 5 万人；全年共为 461 万名失业人员发放了不同期限的失业保险金，比上年增加 9 万人；失业保险金月人均水平 1393 元，比上年增长 10.0%。全年发放稳岗补贴惠及职工 7290 万人，发放技能提升补贴惠及职工 122 万人。②

就业环境持续改善，创业带动就业能力不断增强。2020 年李克强总理所做的《政府工作报告》提出了促进创业创新的扶持政策，包括支持创业投资和股权投资发展，增加创业担保贷款，深化新一轮全面创新改革试验，新建一批双创示范基地等。这些年，我国很多新业态新模式的快速发展，很大程度上得益于包容审慎监管方式，这形成了推动大众创业的强劲动力。此外，民营经济是创业就业、技术创新的重要主体和国家税收的重要来源。《政府工作报告》中也强调要营造公平竞争的市场环境、精准有效的政策环境、平等保护的法治环境。要保障民营企业平等获取生产要素和政策支持，清理废除与企业性质挂钩的不合理规定，坚决纠正侵害民营企业和企业家合法权益的行为。要限期完成清偿政府机构、国有企业拖欠民营和中小企业款项的任务。近年来，返乡创业快速发展。相关调研数据显示，返乡创业人员 80% 为农民工。2019 全国第三季度返乡农民工中有 9.5% 选择了创业。在返乡入乡创业的农民工中，有 2/3 与返乡前所做的业务具有相关性。2019 年，国家统计局西安调查队的一项调查显示，78.4% 的返乡人员有意愿在家门口创业，新生代农民工构

① 国家统计局. 中国统计年鉴 2020 [M]. 北京：中国统计出版社，2020.

② 人社部. 2020 年人力资源和社会保障统计快报数据 [EB/OL]. 中华人民共和国人力资源和社会保障部官网，2020-6-8.

成返乡创业主体，占84.3%；返乡创业者从事住宿和餐饮业占比最高，为25.5%。2019年，仅河南省新增农民工返乡创业人数就达22.83万人，带动就业117.49万人。①

人力资本水平显著提高，高技能人才队伍不断壮大，但劳动力资源配置效率较低。1999年高校扩招后，高等教育规模迅速增大，2014年高校本专科招生超过700万人，2019年超过900万人。从2015年的1%人口抽样调查数据看，在20岁人口队列中，接受高等教育者所占比例超过了50%，已接近发达国家水平。相比于1982年的1.15%，可以说，中国人力资源的禀赋结构发生了巨大变化。② 上海财经大学高等研究院“中国宏观经济形势分析与预测”课题组利用2018年中国家庭追踪调查数据，研究发现，我国劳动力市场中劳动者受教育程度与工作岗位的匹配率为39.70%，过度教育发生率为24.40%，教育不足发生率为35.90%。相对于西方发达国家平均10%左右的教育错配率，我国教育错配发生率高，错配程度突出。此外，我国劳动力市场教育错配还表现出显著的异质性，女性劳动者的教育不足率为34.50%，低于男性劳动者的教育不足率；西部地区的教育不足率最高，为38.50%，高于中、东部35%的水平；第一产业的过度教育率为15.90%，低于第二产业的21%和第三产业的26.90%。从教育不足率来看，第一产业的教育不足率最高，达到了68.30%，远高于第二产业的43.50%和第三产业的30.10%。劳动者教育错配可能意味着通识型教育对劳动者的技能培养不能很好地和劳动力市场匹配，我国人力资源未得到充分的开发与利用，这不利于我国生产效率和经济发展质量的提升。

3.2　我国就业存在的问题

就业是民生之本，是发展之基，也是财富创造的源头活水。2020年以来，全国的就业形势总体保持稳定，无论是从城镇新增就业还是调查失业率的情况来看，都保持了较好的水平。2020年我国城镇新增就业1186万人，高于900

① 余兴安，李志更．中国人力资源发展报告（2020）［M］．北京：社会科学文献出版社，2020.

② 吴要武．70年来中国的劳动力市场［J］．中国经济史研究，2020（4）：30-48.

万人以上的预期目标。2020 年 12 月全国城镇调查失业率为 5.2%，与前一年同期持平。虽然就业目标任务完成情况良好，但我国当前就业问题依旧严峻，主要体现在以下三点。

3.2.1 劳动力供求矛盾突出

劳动力供求矛盾是指从总量上来说劳动力供给大于或小于劳动力需求。根据中国人力资源市场信息监测中心对 80 多个城市的公共就业服务机构市场供求信息的统计分析，显示 2020 年度市场供求情况主要呈现市场需求大于市场供给的局面，劳动力总供求在总量上失衡，具体情况见表 3－1。从表 3－1 可以清晰地看出，2020 年第一、第二和第三季度市场需求均大于市场供给，且总供给与总需求之间的供求差非常大；2020 年求人倍率（指招聘岗位的数量和求职人数的比）始终保持在 1 以上，且招聘需求人数和求职人数环比“双下降”，求职人数下降更明显，缺口人数扩大，供求关系仍然偏紧。

表 3－1　　劳动力市场供给与需求情况

时间	市场需求（万人）	市场供给（万人）	供求差（万人）	求人倍率
2020 年第一季度	522.3	323.2	199.1	1.62
2020 年第二季度	441.2	333.7	107.5	1.32
2020 年第三季度	425.3	304.8	120.5	1.40
2019 年第一季度	589.7	459.4	130.3	1.28
2019 年第三季度	404.0	325.8	78.2	1.24
2019 年第四季度	336.6	264.7	71.9	1.27

资料来源：中华人民共和国人力资源和社会保障部官网。

3.2.2　就业结构性矛盾突出

当前，我国就业的主要矛盾已从总量矛盾转向结构性矛盾。《中华人民共和国国民经济和社会发展第十四个五年规划和 2035 年远景目标纲要》提出，要实施就业优先战略，健全有利于更充分更高质量就业的促进机制，扩大就业容量，提升就业质量，缓解结构性就业矛盾。就业结构性矛盾主要体现在不同的地区、行业和产业之间就业不均衡，以及劳动力供需存在错位。

一是我国劳动力供求在不同地区之间存在明显的结构性矛盾。一方面，大部分就业机会集中在城镇地区，再加上供给侧改革的实施，使得农村大量剩余劳动力需要转移。① 从表 3－2 数据可以看出，2015～2019 年在城镇就业的劳动力人数不断上升，而在乡村就业的人数却不断减少。另一方面，中部、东部、西部差距较大，中、西部地区岗位空缺与求职人员比率相对较高，愿意到中、西部地区就业的人员相对较少。从表 3－3 可以看出，在 2020 年四个季度中，东部地区相较于中部和西部地区而言，其岗位空缺比一直都是最小的。徐梅和刘芬红（2018）通过调查问卷形式对受访人群的期望就业地区进行调查，发现东部沿海地区及一线城市成为多数人就业的选择，只有 9% 的人选择在基层及西部发展地区就业。这种择业观念无疑会造成东、西部就业的不均衡局面。

表 3－2　　2015～2019 年我国失业与就业形势统计

指标	2015 年	2016 年	2017 年	2018 年	2019 年
就业人员（万人）	77451.0	77603.0	77640.0	77586.0	77471.0
其中：城镇	40410.0	41428.0	42462.0	43419.0	44247.0
乡村	37041.0	36175.0	35178.0	34167.0	33224.0
就业结构（%）					
其中：第一产业	28.3	27.7	27.0	26.1	25.1
第二产业	29.3	28.8	28.1	27.6	27.5
第三产业	42.4	43.5	44.9	46.3	47.4

① 李霞．促进就业的税收政策分析［J］．常州大学学报（社会科学版），2011（12）：34－37.

续表

指标	2015 年	2016 年	2017 年	2018 年	2019 年
城镇登记失业人数（万人）	966.0	982.0	972.0	974.0	945.0
城镇登记失业率（%）	4.05	4.02	3.90	3.80	3.62

资料来源：国家统计局．中国统计年鉴 2020［M］．北京：中国统计出版社，2020。

表 3－3　　2020 年东部、中部、西部地区三个季度岗位空缺比　　单位：%

季度	东部	中部	西部
第一季度	1.46	1.75	1.84
第二季度	1.26	1.45	1.36
第三季度	1.36	1.43	1.46

资料来源：中华人民共和国人力资源和社会保障部官网。

二是我国劳动力供求在行业、产业之间存在明显的结构性矛盾。从行业需求看，大多数企业的用人需求集中在表 3－4 中列明的八大行业中。从表 3－4 有关数据可以看出，不同行业之间的就业需求相差很大，制造业一直排列在首位，就业需求占比超过 1/3，而就业需求占比最小的行业只占总需求的 1/25 左右。从产业需求来看，分析表 3－5 可以发现，我国第三产业吸纳就业人员数量较少，仅仅占就业总人数 46.4%，与表中其他国家 60%～80% 的比例相比，我国第三产业规模太小，就业容量不大。

表 3－4　　2020 年大部分企业就业需求所在行业　　单位：%

行业	第一季度	第二季度	第三季度
制造业	40.0	34.9	37.3
批发和零售业	12.9	12.6	12.0
居民服务和其他服务业	9.8	9.5	9.8
住宿和餐饮业	6.2	7.0	7.5
信息传输计算机服务和软件业	4.7	5.3	5.3
建筑业	4.5	5.1	5.1
租赁和商务服务业	4.1	4.1	4.1
交通运输仓储和邮政业	3.8	4.9	4.3

资料来源：中华人民共和国人力资源和社会保障部官网。

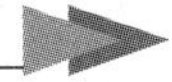

表 3-5　　主要经济国家按三次产业分就业人员构成情况　　单位：%

国家	第一产业		第二产业		第三产业	
	2018 年	2019 年	2018 年	2019 年	2018 年	2019 年
中国	26. 1	25. 4	28. 2	28. 2	45. 7	46. 4
日本	3. 5	3. 4	24. 4	24. 3	72. 1	72. 3
新加坡	0. 7	0. 7	15. 8	15. 5	83. 5	83. 8
加拿大	1. 5	1. 5	19. 6	19. 5	78. 9	79. 1
墨西哥	12. 8	12. 6	26. 1	26. 1	61. 1	61. 2
美国	1. 4	1. 3	19. 9	19. 8	78. 8	78. 9
阿根廷	0. 1	0. 1	21. 9	21. 4	78. 0	78. 5
法国	2. 5	2. 4	20. 3	20. 1	77. 2	77. 5
德国	1. 2	1. 2	27. 3	27. 0	71. 4	71. 7
英国	1. 1	1. 0	18. 1	17. 9	80. 8	81. 1

资料来源：国家统计局．中国统计年鉴 2020［M］．北京：中国统计出版社，2020。

三是我国劳动力供求存在错位。近年来，每年都有近千万人难以就业，然而在劳动者难以找到工作的同时，却出现部分企业难以招到理想员工的局面。出现这种局面的原因主要是失业群体受教育程度低。从人力资源市场供求信息反馈情况来看，大量的人力资源不能满足就业岗位的要求，一定程度上是因为求职者的学历、技能或参加培训的工种和岗位不匹配。根据《中国统计年鉴（2020）》中的数据显示（见表 3-6），在全国范围内，具有初中及以上文凭的占比 69. 61%，高中及以上文凭的占比 32. 32%，大专及以上文凭的占比 14. 58%，高学历就业人员人数过少，而当前过半的企业对劳动者的技术等级或专业技术职称有明确要求。

表 3-6　　2019 年 6 岁及以上人口受教育抽样情况

受教育程度	人数（人）			占比（%）		
	合计	男	女	合计	男	女
未上过学	51892	14714	37178	5. 10	2. 84	7. 45
小学	257030	121439	135591	25. 29	23. 46	27. 19
初中	379039	203850	175189	37. 29	39. 38	35. 12
普通高中	132220	73883	58337	13. 01	14. 27	11. 70

续表

受教育程度	人数（人）			占比（%）		
	合计	男	女	合计	男	女
中职	48066	26581	21485	4.73	5.13	4.31
大学专科	77946	41395	36551	7.67	8.00	7.33
大学本科	63739	32450	31289	6.27	6.27	6.27
研究生	6485	3341	3144	0.64	0.65	0.63
6 岁及以上人口	1016417	517653	498764	100.00	100.00	100.00

资料来源：国家统计局．中国统计年鉴 2020［M］．北京：中国统计出版社，2020。

如表 3－7 所示，1/3 左右的企业在招聘职员时都要求应聘人员具有一定的技术等级或者专业技术职称①，但技术人员总是少数，拥有高级技术等级的劳动者就更少。近年来，尽管我国技能人才队伍不断发展壮大，但技术工人特别是高技能人才占就业人员总量的比例仍不足 6%。从市场供需来看，最近几年，技术工人的求人倍率一直在 1.5 以上，高级技工的求人倍率甚至达到 2 以上水平，全国高级技工缺口达 1000 万人。②

表 3－7　　2020 年对技术等级和技术职称供求情况表　　单位：%

季度	从需求侧看		从供给侧看	
	要求技术等级	要求专业技术职称	具有技术等级	具有专业技术职称
第一季度	20.1	11.8	22.4	11.9
第二季度	26.4	14.7	28.2	14.0
第三季度	25.9	16.1	27.2	15.3

资料来源：中华人民共和国人力资源和社会保障部官网。

3.2.3　就业总量压力大

根据《中国统计年鉴（2020）》数据，2019 年末，我国总人口 14.0005 亿

① 技术等级指以国家职业资格证书为凭证的职业技能水平，专业技术职称指以国家认可的专业技术职务证书为凭证的专业技术水平。

② 邱玥．提升技能稳就业——专家解读《职业技能提升行动方案（2019—2021 年）》［N］．光明日报，2019－6－3（4）．

人（仅指中国内地），其中，城镇人口8.4843亿人，乡村人口5.5162亿人，15～64周岁人口9.8910亿人，经济活动人口8.1104亿人，劳动力参与率[①]大致为82.00%。我国劳动力参与率偏高，而且随着年龄的增长，总有人进入或退出劳动者范畴，因此，人口的数量决定着劳动力的数量。根据表3－8，2010～2019年我国经济活动人口一直处于上升趋势，其中经济活动人口包括就业人员和失业人员，这也正好表明了这十年来我国劳动力人数不断攀升，就业总量压力大。

表3－8　　2010～2019年我国劳动力参与率

年份	15～64周岁人口（万人）	经济活动人口（万人）	劳动力参与率（%）
2010	99938	78388	78.44
2011	100283	78579	78.36
2012	100403	78894	78.58
2013	100582	79300	78.84
2014	100469	79690	79.32
2015	100361	80091	79.80
2016	100260	80694	80.48
2017	99829	80686	80.82
2018	99357	80525	81.05
2019	98910	81104	82.00

资料来源：国家统计局．中国统计年鉴2020［M］．北京：中国统计出版社，2020。

另外，从表3－2可以看出，在全球经济危机袭击之下，中国经济与就业不可避免地遭受了打击，2015～2019年城镇登记失业率波动不大，稳定在3.62%～4.05%，登记失业人口接近上千万人，但这些数据还未包括未登记的失业者和农村失业者。因此，即使当前我国城镇登记失业率不高，我国就业总量压力依旧较大。

---

① 劳动参与率是经济活动人口（包括就业者和失业者）占劳动年龄人口的比率。

3.3 我国就业问题的成因

3.3.1 教育体制改革滞后

得益于义务教育的全面普及和高等教育的扩充，我国劳动力受教育水平显著提高。教育部官方数据显示，2002 年，我国劳动年龄人口平均受教育年限为 8.18 年，2019 年该数值提高到 10.7 年，而且新增劳动力接受过高等教育的比例达到 50.9%，平均受教育年限达到 13.7 年。然而，虽然总体上我国人力资本水平已获得了稳步提升，但教育相关顶层设计仍然较为薄弱，尚难以支撑未来的发展需求，教育与未来经济发展以及就业需求仍然需要深入匹配。根据测算，第二产业技术密集型岗位要求劳动者有 10.4 年的受教育年限，第三产业技术密集型岗位要求劳动者有 13.3 年的受教育年限（李心萍，2019）。但是，农民工的受教育程度尚不足以支撑他们转向这些岗位。此外，现行教育体制使得高校毕业生也同样面临就业困难问题，突出表现为当前我国大学生培养体系对劳动力市场的周期性变化缺乏快速响应能力。原因在于，主要由公共财政经费支撑的高校所培养的大学生供给缺乏弹性，而由市场力量所主导的需求充满竞争且灵活多变。例如，近年来，有些高校为了追求短时效应，盲目开设一些所谓的热门专业，过度扩大招生规模，造成人才供应过剩；有些高校缺乏市场灵敏性，对一些社会需求较少的专业没有及时调整招生计划，或改革课程内容、教学过程和教学方式，导致出现学生毕业就失业的现象。因此，我国教育体制改革的滞后使得就业问题更加突出。

3.3.2 区域发展不协调

鉴于我国现存的区域发展差异以及与此相关的流动人口的区域特征，就业矛盾同样体现在区域方面，不同区域的经济发展特征和就业以及劳动参与等状况都存在较大的差异。中国自改革开放以来，东部沿海地区经济快速增长，其中在很大程度上得益于充足低廉的劳动力从农村大量涌向城市，特别是向东部沿海地区的流入。但是，随着总体经济发展的推进，我国开始制定许多政策大

力支持中、西部地区的发展，中、西部地区基础设施和投资环境有了较大提升，此时，原本聚集于东部沿海地区的劳动密集型产业逐渐向中、西部转移，从而中、西部人口相对充裕的地区得以完成区域内部甚至省内的人口流动，原本流入东部地区的中、西部农村人口，转而在本地区内流动。近期，我国的人口流动也体现出了这些新的趋势和特征，流动人口在规模缩减的同时，流动范围呈现短距离化趋势，省内流动的比例提高，跨省流动的比例下降，流入中心由东部向中、西部转移。国家统计局发布的《2020年农民工监测调查报告》显示，2020年全国农民工总量28560万人，其中，外出农民工16959万人，比上年减少466万人，下降2.7%；本地农民工11601万人，比上年减少51万人，下降0.4%。在外出农民工中，跨省流动农民工7052万人，比上年减少456万人，下降6.1%；在省内就业的外出农民工9907万人，比上年减少10万人，与上年基本持平。省内就业农民工占外出农民工的比重为58.4%，比上年提高1.5个百分点。分区域看，东部、中部、西部和东北地区省内就业农民工占外出农民工的比重分别比上年提高1.6个、1.3个、1.8个和1.0个百分点。这些人口流动的新特征将导致劳动力供求在不同地区之间存在明显的结构性矛盾。

3.3.3　经济结构升级调整

与外部经济环境和经济下行压力并行，我国经济发展目前正进入转型升级和结构调整的关键时期，新技术、新模式和新业态不断涌现。在传统制造业向机械化、自动化转型的同时，信息化、数字化、智能化发展加速推进，技术应用跨代升级。在这个过程中，科技革新对就业会产生一定的影响，既有“促进效应”和“改造效应”，也有“替代效应”，且这几种效应正在我国劳动力市场上叠加显现，给就业结构和劳动力质量带来较大压力。首先，科技革新对于就业的替代。经验表明，智能化和自动化对从事常规性劳动的大量替代大多为收入分布中处于中间位置的岗位。因此“机器换人”也促成了就业的两极化。高工产业研究院（GGII）数据统计显示，我国工业机器人销售量从2001年的约700台增至2018年的15.64万台，增长了近224倍，销售量占全球总量的比例也从2001年的不到1%增至2018年的近41%。研究发现，工业机器人数每增加 1 台，人类工作岗位就可能减少 5.6 个。① 其次，科技革新对于新就业的创造。那些需要处理随时可变形势的工种，无论是相对低端的生活服务业岗位还是具有创造性、创新性的技术开发、艺术设计等高端岗位，其需求均相对提升。

此外，新技术的应用本身创造了新的业态部门，将有助于一大批新职业的产生，进而催生一批新的就业。随着“中国制造 2025”“大众创业、万众创新”和“互联网 +”等政策推动，“新经济”“共享经济”等模式迅速兴起，为经济发展带来新的增长动力，营造出新的就业增长空间，也呈现出未来劳动力市场的“新常态”。《中国共享经济发展年度报告（2020）》显示，2019 年中国数字平台雇用623 万正规就业者，带动提供共享服务的劳动者人数达7800 万人。2019 年通过美团平台获得收入的网约配送员（外卖骑手）总数近 400 万人，比上年增长 23.3%，其中有 25.7 万人是建档立卡的贫困人口，占骑手总量的6.4%，他们基本实现了脱贫。然而，新产业、新业态发展过程中的不稳定性亦会带来失业风险，突出表现为部分低知识技能水平劳动者被甩出正规劳动力市场，造成从业人员劳动权益和健康受到损害，导致劳动力市场从“灵活”滑入“失序”。

3.3.4 世界经济格局发生巨变

当前，世界局势风云变化，世界经济结构也发生巨变，国际竞争加剧，产业布局在不断调整，产业链、价值链和供应链正在进行新一轮“洗牌”。这种世界范围内的经济格局调整，必然带来资本和劳动力市场的深刻变化，导致就业结构的深刻调整。例如，中美经贸摩擦带来的不确定性，对我国就业形势的影响也会逐步显现。随着技术进步和贸易结构转型，中国将进一步发展以高端制造为主的技术性出口，这就会刺激国内劳动力成本的同步提升，从而劳动力市场极化现象开始涌现。极化现象的深化，迫使大量中等技能劳动者改变就业方式，甚至面临长期失业的风险。② 此外，在部分企业出口订单量下降、产量减少导致用工数量减少这一直接冲击的基础上，少数企业将出口产品的产线产

①② 莫荣，刘永魁，陈云．新中国成立 70 年就业发展历程与未来展望［J］．中国劳动，2019（11）：5 – 19.

能外迁，导致相关就业岗位流失；部分大中型企业将外销产品转为内销，压缩国内同类产品其他生产企业的市场空间，导致该行业内企业用工减少；部分企业为应对关税成本提高，加快自动化智能化生产进程，技术替代劳动步伐加快；还有一些企业为应对经济危机加快转型升级、“瘦身”求存，减少用工规模。企业这一系列的做法都会导致我国失业人员增加。

3.3.5　新冠肺炎疫情的冲击

新冠肺炎疫情作为全球性重大公共卫生危机事件，其影响具有范围广、多层次、多维度、长时期的特点。总体来看，新冠肺炎疫情对整个经济社会正常运行秩序都产生了重大冲击，对劳动力市场的影响也巨大而深远。国际劳工组织在 2020 年 4 月发布的《新冠肺炎疫情和劳动世界：最新评估和分析》中指出，当前全球 81% 的劳动力（约 33 亿人）都受到强制性或者推荐性工作场所关闭政策影响，失业人口增加的规模将超过 2500 万人。与此同时，基于信息互联网的新经济在应对疫情影响中发挥了积极的对冲作用，这些行业可能会带来就业的增加，从而抵消部分由于新冠肺炎疫情导致的失业水平的提升。但随着疫情防控的常态化，这种对冲作用会逐渐减弱，在全球产业链供应链遭到一定破坏的情况下，我国外贸企业遭遇的负面冲击将是长期性的，外贸行业的就业机会大幅缩减，甚至将持续释放失业。

第 4 章

我国现行促进就业税收政策分析

4.1 我国现行促进就业的税收政策

劳动力市场供求失衡的矛盾，会给一国带来严峻的就业问题。运用政策管理来解决就业这一问题十分必要，税收作为国家宏观调控的主要手段之一，直接影响劳动力的供给意愿和需求成本，从而对就业水平产生直接或间接的影响。自 2002 年以来，我国也相继出台了一系列税收政策，对就业起到了良好的促进作用。本节对直接和间接促进就业的税收政策梳理如下。

4.1.1 直接促进就业的税收政策

随着改革开放进程不断推进，我国失业问题随之凸显，为了解决社会转型时期出现的失业问题，我国持续运用税收手段，针对就业主要环节和关键领域陆续推出了一系列优惠政策。而在 2016 年 5 月 1 日全面“营改增”后，原来的很多规定都发生了一定的变化，结合国家发布有关促进就业创业的税收政策最新规定，对相关政策总结归纳。

为促进就业，相关部门不仅制定实施了普惠性税收政策，对特殊群体创业或者吸纳特殊群体就业（残疾人、下岗失业人员、随军家属、军队转业干部、退役士兵、高校毕业生等）也制定了一系列特殊性税收政策。同时，国家还对扶持企业成长的科技企业孵化器、国家大学科技园等创新创业平台、创投企业和个人等给予税收优惠，鼓励创业带动就业。具体政策见表 4－1。

表 4 – 1　　我国现行直接促进就业的税收政策

<table>
<tr><th>分类</th><th>具体政策</th><th>政策来源</th></tr>
<tr><td rowspan="8">帮助残疾人就业的税收政策</td><td>残疾人个人提供的加工、修理修配劳务，为社会提供的应税服务，免征增值税</td><td rowspan="8">(1)《财政部 国家税务总局关于促进残疾人就业增值税优惠政策的通知》
(2)《财政部 国家税务总局关于全面推开营业税改征增值税试点的通知》附件 3《营业税改征增值税试点过渡政策的规定》
(3)《国家税务总局关于发布〈促进残疾人就业增值税优惠政策管理办法〉的公告》
(4)《财政部 国家税务总局关于促进残疾人就业税收优惠政策的通知》
(5)《财政部 国家税务总局关于安置残疾人就业单位城镇土地使用税等政策的通知》
(6)《国家税务总局关于促进残疾人就业税收优惠政策相关问题的公告》
(7)《财政部 国家税务总局关于安置残疾人员就业有关企业所得税优惠政策问题的通知》
(8)《中华人民共和国个人所得税法实施条例》
(9)《中华人民共和国企业所得税法实施条例》
(10)《财政部 国家税务总局 中国残疾人联合会关于印发〈残疾人就业保障金征收使用管理办法〉的通知》</td></tr>
<tr><td>对安置残疾人的单位和个体工商户（以下称纳税人），实行由税务机关按纳税人安置残疾人的人数，限额即征即退增值税的办法。安置的每位残疾人每月可退还的增值税具体限额，由县级以上税务机关根据纳税人所在区县（含县级市、旗）适用的经省（含自治区、直辖市、计划单列市）人民政府批准的月最低工资标准的 4 倍确定</td></tr>
<tr><td>对安置残疾人的特殊教育学校举办的企业，实行由税务机关按纳税人安置残疾人的人数，限额即征即退增值税。安置的每位残疾人每月可退还的增值税具体限额，由县级以上税务机关根据纳税人所在区县（含县级市、旗）适用的经省（含自治区、直辖市、计划单列市）人民政府批准的月最低工资标准的 4 倍确定</td></tr>
<tr><td>对残疾人个人取得的劳动所得，按照省人民政府规定的减征幅度和期限减征个人所得税</td></tr>
<tr><td>企业安置残疾人员的，在按照支付给残疾职工工资据实扣除的基础上，按照支付给残疾职工工资的 100% 加计扣除</td></tr>
<tr><td>对在一个纳税年度内月平均实际安置残疾人就业人数占单位在职职工总数的比例高于 25%（含 25%）且实际安置残疾人人数高于 10 人（含 10 人）的单位，可减征或免征该年度城镇土地使用税。具体减免税比例及管理办法由省、自治区、直辖市财税主管部门确定</td></tr>
<tr><td>以劳务派遣形式就业的残疾人，属于劳务派遣单位的职工。劳务派遣单位可按照《财政部 国家税务总局关于促进残疾人就业税收优惠政策的通知》（以下简称《通知》）规定，享受相关税收优惠政策。安置残疾人的机关事业单位以及由机关事业单位改制后的企业，为残疾人缴纳的机关事业单位养老保险，属于《通知》第五条第（三）款规定的“基本养老保险”范畴，可按规定享受相关税收优惠政策</td></tr>
<tr><td>自工商登记注册之日起 3 年内，对安排残疾人就业未达到规定比例、在职职工总数 20 人以下（含 20 人）的小微企业，免征保障金</td></tr>
</table>

续表

<table>
<tr><th>分类</th><th>具体政策</th><th>政策来源</th></tr>
<tr><td rowspan="5">促进下岗失业人员再就业的税收政策</td><td>对商贸企业、服务型企业（除广告业、房屋中介、典当、桑拿、按摩、氧吧外）、劳动就业服务企业中的加工型企业和街道社区具有加工性质的小型企业实体，在新增加的岗位中，当年新招用持《再就业优惠证》人员，与其签订1年以上期限劳动合同并依法缴纳社会保险费的，按实际招用人数予以定额依次扣减增值税、城市维护建设税、教育费附加和企业所得税优惠。定额标准为每人每年4000元，可上下浮动20%，由各省、自治区、直辖市人民政府根据本地区实际情况在此幅度内确定具体定额标准，并报财政部和国家税务总局备案</td><td rowspan="5">（1）《财政部 国家税务总局关于下岗失业人员再就业有关税收政策问题的通知》
（2）《财政部 国家税务总局关于延长下岗失业人员再就业有关税收政策的通知》</td></tr>
<tr><td>对持《再就业优惠证》人员从事个体经营的（除建筑业、娱乐业以及销售不动产、转让土地使用权、广告业、房屋中介、桑拿、按摩、网吧、氧吧外），按每户每年8000元为限额依次扣减其当年实际应缴纳的增值税、城市维护建设税、教育费附加和个人所得税</td></tr>
<tr><td>对国有大中型企业通过主辅分离和辅业改制分流安置本企业富余人员兴办的经济实体（从事金融保险业、邮电通信业、娱乐业以及销售不动产、转让土地使用权，服务型企业中的广告业、桑拿、按摩、氧吧，建筑业中从事工程总承包的除外），凡符合条件的，经有关部门认定，税务机关审核，3年内免征企业所得税</td></tr>
<tr><td>对持《再就业优惠证》人员从事个体经营的，3年内按每户每年8000元为限额依次扣减其当年实际应缴纳的增值税、城市维护建设税、教育费附加和个人所得税</td></tr>
<tr><td>对符合条件的企业在新增加的岗位中，当年新招用持《再就业优惠证》人员，与其签订1年以上期限劳动合同并缴纳社会保险费的，3年内按实际招用人数予以定额依次扣减营业税、城市维护建设税、教育费附加和企业所得税。定额标准为每人每年4000元，可上下浮动20%。由各省、自治区、直辖市人民政府根据本地区实际情况在此幅度内确定具体定额标准，并报财政部和国家税务总局备案</td></tr>
</table>

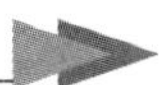

续表

分类	具体政策	政策来源
帮助随军家属就业的税收政策	对为安置随军家属就业而新开办的、随军家属占企业总人数 60%（含）以上的企业，自领取税务登记证之日起，3 年内免征增值税和企业所得税	(1)《财政部 国家税务总局关于随军家属就业有关税收政策的通知》 (2)《财政部 国家税务总局关于全面推开营业税改征增值税试点的通知》附件 3《营业税改征增值税试点过渡政策的规定》
	对从事个体经营的随军家属，自领取税务登记证之日起，3 年内免征增值税和个人所得税	
促进军队转业干部就业的税收政策	从事个体经营的军队转业干部，经主管税务机关批准，自领取税务登记证之日起，3 年内免征增值税和个人所得税	(1)《财政部 国家税务总局关于自主择业的军队转业干部有关税收政策问题的通知》 (2)《财政部 国家税务总局关于全面推开营业税改征增值税试点的通知》附件 3《营业税改征增值税试点过渡政策的规定》
	为安置自主择业的军队转业干部就业而新开办的企业，凡安置自主择业的军队转业干部占企业总人数 60%（含）以上的，自领取税务登记证之日起，其提供的应税服务 3 年内免征增值税和企业所得税	
帮助退役士兵创业就业的税收政策	自主就业退役士兵从事个体经营的，自办理个体工商户登记当月起，在 3 年（36 个月）内按每户每年 12000 元为限额依次扣减其当年实际应缴纳的增值税、城市维护建设税、教育费附加、地方教育附加和个人所得税。限额标准最高可上浮 20%，各省、自治区、直辖市人民政府可根据本地区实际情况在此幅度内确定具体限额标准	《财政部 税务总局 退役军人部关于进一步扶持自主就业退役士兵创业就业有关税收政策的通知》
	企业招用自主就业退役士兵，与其签订 1 年以上期限劳动合同并依法缴纳社会保险费的，自签订劳动合同并缴纳社会保险当月起，在 3 年内按实际招用人数予以定额依次扣减增值税、城市维护建设税、教育费附加、地方教育附加和企业所得税优惠。定额标准为每人每年 6000 元，最高可上浮 50%，各省、自治区、直辖市人民政府可根据本地区实际情况在此幅度内确定具体定额标准	
帮助重点群体创业就业的税收政策	建档立卡贫困人口、持《就业创业证》（注明“自主创业税收政策”或“毕业年度内自主创业税收政策”）或《就业失业登记证》（注明“自主创业税收政策”）的人员，从事个体经营的，自办理个体工商户登记当月起，在 3 年（36 个月）内按每户每年 12000 元为限额依次扣减其当年实际应缴纳的增值税、城市维护建设税、教育费附加、地方教育附加和个人所得税。限额标准最高可上浮 20%，各省、自治区、直辖市人民政府可根据本地区实际情况在此幅度内确定具体限额标准	(1)《财政部 税务总局 人力资源社会保障部 国务院扶贫办关于进一步支持和促进重点群体创业就业有关税收政策的通知》 (2)《国家税务总局 人力资源社会保障部 国务院扶贫办教育部关于实施支持和促进重点群体创业就业有关税收政策具体操作问题的公告》

续表

分类	具体政策	政策来源
帮助重点群体创业就业的税收政策	企业招用建档立卡贫困人口，以及在人力资源社会保障部门公共就业服务机构登记失业半年以上且持《就业创业证》或《就业失业登记证》（注明“企业吸纳税收政策”）的人员，与其签订1年以上期限劳动合同并依法缴纳社会保险费的，自签订劳动合同并缴纳社会保险当月起，在3年内按实际招用人数予以定额依次扣减增值税、城市维护建设税、教育费附加、地方教育附加和企业所得税优惠。定额标准为每人每年6000元，最高可上浮30%，各省、自治区、直辖市人民政府可根据本地区实际情况在此幅度内确定具体定额标准。城市维护建设税、教育费附加、地方教育附加的计税依据是享受本项税收优惠政策前的增值税应纳税额	
帮扶大学生就业创业的税收政策	毕业年度内高校毕业生从事个体经营的，自办理个体工商户登记当月起，在3年（36个月）内按每户每年12000元为限额依次扣减其当年实际应缴纳的增值税、城市维护建设税、教育费附加、地方教育附加和个人所得税。限额标准最高可上浮20%，各省、自治区、直辖市人民政府可根据本地区实际情况在此幅度内确定具体限额标准	（1）《财政部 税务总局 人力资源社会保障部 国务院扶贫办关于进一步支持和促进重点群体创业就业有关税收政策的通知》 （2）《关于做好2014年全国普通高等学校毕业生就业创业工作的通知》
	鼓励企业、行业协会、群团组织、天使投资人等以多种方式向自主创业大学生提供资金支持，设立重点面向扶持高校毕业生创业的天使投资和创业投资基金。对支持创业早期企业的投资，符合条件的，可享受创业投资企业相关企业所得税优惠政策	
促进创业带动就业的税收政策	自2019年1月1日至2021年12月31日，对国家备案众创空间以及国家级、省级科技企业孵化器自用以及无偿或通过出租等方式提供给在孵对象使用的房产和土地，分别免征房产税、城镇土地使用税	（1）《财政部 税务总局 科技部 教育部关于科技企业孵化器、大学科技园和众创空间税收政策的通知》 （2）《财政部 税务总局关于创业投资企业和天使投资个人有关税收政策的通知》 （3）国家税务总局关于创业投资企业和天使投资个人税收政策有关问题的公告 （4）《财政部 税务总局关于实施小微企业普惠性税收减免政策的通知》 （5）《国家税务总局关于实施创业投资企业所得税优惠问题的通知》
	自2019年1月1日至2021年12月31日，对国家备案众创空间以及国家级、省级科技企业孵化器向在孵对象提供孵化服务取得的收入，免征增值税	
	创业投资企业采取股权投资方式投资于未上市的中小高新技术企业2年（24个月）以上，凡符合以下条件的，可以按照其对中小高新技术企业投资额的70%，在股权持有满2年的当年抵扣该创业投资企业的应纳税所得额；当年不足抵扣的，可以在以后纳税年度结转抵扣	

续表

分类	具体政策	政策来源
促进创业带动就业的税收政策	天使投资个人采取股权投资方式直接投资于初创科技型企业满 2 年的，可以按照投资额的 70% 抵扣转让该初创科技型企业股权取得的应纳税所得额；当期不足抵扣的，可以在以后取得转让该初创科技型企业股权的应纳税所得额时结转抵扣。天使投资个人投资多个初创科技型企业的，对其中办理注销清算的初创科技型企业，天使投资个人对其投资额的 70% 尚未抵扣完的，可自注销清算之日起 36 个月内抵扣天使投资个人转让其他初创科技型企业股权取得的应纳税所得额	

4.1.2　间接促进就业的税收政策

间接促进就业的税收政策可以通过促进特定产业、特定类型企业和特别地区的发展而间接带动就业。

4.1.2.1　针对特定产业的税收政策

我国促进就业的税收政策涵盖了一部分特定产业，如软件和集成电路产业、动漫产业、现代物流业和农村经济等（见表 4-2）。其中，所涉及的产业多数为第三产业，主要原因是第三产业吸纳了大部分群体就业，是就业的主要渠道。

表 4-2　促进特定产业发展的税收政策

分类	具体政策	政策来源
软件产业	增值税一般纳税人销售其自行开发生产的软件产品，按 13% 税率征收增值税后，对其增值税实际税负超过 3% 的部分实行即征即退政策	(1)《财政部 国家税务总局关于软件产品增值税政策的通知》 (2)《财政部 国家税务总局关于进一步鼓励软件产业和集成电路产业发展企业所得税政策的通知》 (3)《财政部 国家税务总局 发展改革委 工业和信息化部关于软件和集成电路产业企业所得税优惠政策有关问题的通知》 (4)《财政部 税务总局关于集成电路设计和软件产业企业所得税政策的公告》 (5)《财政部 税务总局 发展改革委 工
	符合条件的软件企业按照《财政部 国家税务总局关于软件产品增值税政策的通知》规定取得的即征即退增值税款，由企业专项用于软件产品研发和扩大再生产并单独进行核算，可以作为不征税收入，在计算应纳税所得额时从收入总额中减除	
	企业外购的软件，凡符合固定资产或无形资产确认条件的，可以按照固定资产或无形资产进行核算，其折旧或摊销年限可以适当缩短，最短可为 2 年（含）	

续表

分类	具体政策	政策来源
软件产业	符合条件软件企业的职工培训费用，应单独进行核算并按实际发生额在计算应纳税所得额时扣除	业和信息化部关于促进集成电路产业和软件产业高质量发展企业所得税政策的公告》
	依法成立且符合条件的软件企业，在2018年12月31日前自获利年度起计算优惠期，第一年至第二年免征企业所得税，第三年至第五年按照25%的法定税率减半征收企业所得税，并享受至期满为止	
	国家鼓励的软件企业，自获利年度起，第一年至第二年免征企业所得税，第三年至第五年按照25%的法定税率减半征收企业所得税	
	国家鼓励的重点软件企业，自获利年度起，第一年至第五年免征企业所得税，接续年度减按10%的税率征收企业所得税	
集成电路产业	自2011年11月1日起，对国家批准的集成电路重大项目企业因购进设备形成的增值税期末留抵税额准予退还	（1）《财政部 国家税务总局关于退还集成电路企业采购设备增值税期末留抵税额的通知》 （2）《中华人民共和国增值税暂行条例实施细则》 （3）《财政部 国家税务总局关于进一步鼓励软件产业和集成电路产业发展企业所得税政策的通知》 （4）《财政部 国家税务总局 发展改革委 工业和信息化部关于进一步鼓励集成电路产业发展企业所得税政策的通知》 （5）《财政部 国家税务总局 发展改革委 工业和信息化部关于软件和集成电路产业企业所得税优惠政策有关问题的通知》 （6）《财政部 国家税务总局关于集成电路企业增值税期末留抵退税有关城市维护建设税、教育费附加和地方教育附加政策的通知》 （7）《财政部 税务总局 国家发展改革委 工业和信息化部关于集成电路生产企业有关企业所得税政策问题的通知》 （8）《财政部 税务总局关于集成电路设计和软件产业企业所得税政策的公告》
	我国境内新办的集成电路设计企业和符合条件的软件企业，经认定后，在2017年12月31日前自获利年度起计算优惠期，第一年至第二年免征企业所得税，第三年至第五年按照25%的法定税率减半征收企业所得税，并享受至期满为止	
	集成电路设计企业的职工培训费用，应单独进行核算并按实际发生额在计算应纳税所得额时扣除	
	集成电路生产企业的生产设备，其折旧年限可以适当缩短，最短可为3年（含）	
	符合条件的集成电路封装、测试企业、集成电路关键专用材料生产企业或集成电路专用设备生产企业在2017年（含2017年）前实现获利的，自获利年度起，第一年至第二年免征企业所得税，第三年至第五年按照25%的法定税率减半征收企业所得税，并享受至期满为止；2017年前未实现获利的，自2017年起计算优惠期，享受至期满为止	
	自2017年2月24日起，享受增值税期末留抵退税政策的集成电路企业，其退还的增值税期末留抵税额，应在城市维护建设税、教育费附加和地方教育附加的计税（征）依据中予以扣除	

续表

分类	具体政策	政策来源
集成电路产业	2018 年 1 月 1 日后投资新设的集成电路线宽小于 130 纳米，且经营期在 10 年以上的集成电路生产企业或项目，第一年至第二年免征企业所得税，第三年至第五年按照 25% 的法定税率减半征收企业所得税，并享受至期满为止	(9)《财政部 税务总局 发展改革委 工业和信息化部关于促进集成电路产业和软件产业高质量发展企业所得税政策的公告》 (10)《国务院关于印发新时期促进集成电路产业和软件产业高质量发展若干政策的通知》 (11)《财政部 税务总局关于明确部分先进制造业增值税期末留抵退税政策的公告》 (12)《财政部 海关总署 税务总局关于支持集成电路产业和软件产业发展进口税收政策的通知》
	2018 年 1 月 1 日后投资新设的集成电路线宽小于 65 纳米或投资额超过 150 亿元，且经营期在 15 年以上的集成电路生产企业或项目，第一年至第五年免征企业所得税，第六年至第十年按照 25% 的法定税率减半征收企业所得税，并享受至期满为止	
	2017 年 12 月 31 日前设立但未获利的集成电路线宽小于 0.25 微米或投资额超过 80 亿元，且经营期在 15 年以上的集成电路生产企业，自获利年度起第一年至第五年免征企业所得税，第六年至第十年按照 25% 的法定税率减半征收企业所得税，并享受至期满为止	
	2017 年 12 月 31 日前设立但未获利的集成电路线宽小于 0.8 微米（含）的集成电路生产企业，自获利年度起第一年至第二年免征企业所得税，第三年至第五年按照 25% 的法定税率减半征收企业所得税，并享受至期满为止	
	依法成立且符合条件的集成电路设计企业和软件企业，在 2018 年 12 月 31 日前自获利年度起计算优惠期，第一年至第二年免征企业所得税，第三年至第五年按照 25% 的法定税率减半征收企业所得税，并享受至期满为止	
	国家鼓励的集成电路线宽小于 28 纳米（含），且经营期在 15 年以上的集成电路生产企业或项目，第一年至第十年免征企业所得税；国家鼓励的集成电路线宽小于 65 纳米（含），且经营期在 15 年以上的集成电路生产企业或项目，第一年至第五年免征企业所得税，第六年至第十年按照 25% 的法定税率减半征收企业所得税；国家鼓励的集成电路线宽小于 130 纳米（含），且经营期在 10 年以上的集成电路生产企业或项目，第一年至第二年免征企业所得税，第三年至第五年按照 25% 的法定税率减半征收企业所得税	

续表

分类	具体政策	政策来源
集成电路产业	国家鼓励的线宽小于130纳米（含）的集成电路生产企业，属于国家鼓励的集成电路生产企业清单年度之前5个纳税年度发生的尚未弥补完的亏损，准予向以后年度结转，总结转年限最长不得超过10年	
	国家鼓励的集成电路设计、装备、材料、封装、测试企业，自获利年度起，第一年至第二年免征企业所得税，第三年至第五年按照25%的法定税率减半征收企业所得税	
	国家鼓励的重点集成电路设计企业，自获利年度起，第一年至第五年免征企业所得税，接续年度减按10%的税率征收企业所得税	
	自2020年7月27日至2030年12月31日，对下列情形，免征进口关税：（1）集成电路线宽小于65纳米（含，下同）的逻辑电路、存储器生产企业，以及线宽小于0.25微米的特色工艺（即模拟、数模混合、高压、射频、功率、光电集成、图像传感、微机电系统、绝缘体上硅工艺）集成电路生产企业，进口国内不能生产或性能不能满足需求的自用生产性（含研发用，下同）原材料、消耗品，净化室专用建筑材料、配套系统和集成电路生产设备（包括进口设备和国产设备）零配件；（2）集成电路线宽小于0.5微米的化合物集成电路生产企业和先进封装测试企业，进口国内不能生产或性能不能满足需求的自用生产性原材料、消耗品；（3）集成电路产业的关键原材料、零配件（即靶材、光刻胶、掩模版、封装载板、抛光垫、抛光液、8英寸及以上硅单晶、8英寸及以上硅片）生产企业，进口国内不能生产或性能不能满足需求的自用生产性原材料、消耗品；（4）集成电路用光刻胶、掩模版、8英寸及以上硅片生产企业，进口国内不能生产或性能不能满足需求的净化室专用建筑材料、配套系统和生产设备（包括进口设备和国产设备）零配件；（5）国家鼓励的重点集成电路设计企业和软件企业，以及符合本条第（1）项和第（2）项的企业（集成电路生产企业和先进封装测试企业）进口自用设备，及按照合同随设备进口的技术（含软件）及配套件、备件，但《国内投资项目不予免税的进口商品目录》《外商投资项目不予免税的进口商品目录》和《进口不予免税的重大技术装备和产品目录》所列商品除外	

续表

分类	具体政策	政策来源
动漫产业	自 2018 年 5 月 1 日至 2020 年 12 月 31 日，对动漫企业增值税一般纳税人销售其自主开发生产的动漫软件，按照 13% 的税率征收增值税后，对其增值税实际税负超过 3% 的部分，实行即征即退政策	(1)《财政部 税务总局关于延续动漫产业增值税政策的通知》 (2)《财政部 国家税务总局关于扶持动漫产业发展有关税收政策问题的通知》 (3)《财政部 海关总署 国家税务总局关于动漫企业进口动漫开发生产用品税收政策的通知》 (4)《财政部 税务总局关于集成电路设计和软件产业企业所得税政策的公告》
	自 2016 年 1 月 1 日至 2020 年 12 月 31 日，经国务院有关部门认定的动漫企业自主开发、生产动漫直接产品，确需进口的商品可享受免征进口环节增值税	
	经认定的动漫企业自主开发、生产动漫产品，可申请享受国家现行鼓励软件产业发展的所得税优惠政策，在 2018 年 12 月 31 日前自获利年度起计算优惠期，第一年至第二年免征企业所得税，第三年至第五年按照 25% 的法定税率减半征收企业所得税，并享受至期满为止	
物流产业	对物流企业承租用于大宗商品仓储设施的土地，减按所属土地等级适用税额标准的 50% 计征城镇土地使用税	(1)《关于物流企业承租用于大宗商品仓储设施的土地城镇土地使用税优惠政策的通知》 (2)《关于继续实施物流企业大宗商品仓储设施用地城镇土地使用税优惠政策的通知》
	对物流企业自有的（包括自用和出租）大宗商品仓储设施用地，减按所属土地等级适用税额标准的 50% 计征城镇土地使用税	
农村经济	农民工等人员返乡创业，符合政策规定条件的，享受减征企业所得税、免征增值税、教育费附加、地方教育附加等税费减免和降低失业保险费率政策	《国务院办公厅关于支持农民工等人员返乡创业的意见》
	支持地方扩大农产品加工企业进项税额核定扣除试点行业范围，完善农产品初加工所得税优惠目录。落实小微企业税收扶持政策，积极支持“互联网 + 现代农业”等新型业态和商业模式发展。综合运用奖励、补助、税收优惠等政策，鼓励金融机构与新型农业经营主体建立紧密合作关系，推广产业链金融模式，加大对农村产业融合发展的信贷支持	《国务院办公厅关于推进农村一二三产业融合发展的指导意见》
	落实税收优惠政策，支持返乡下乡人员利用大数据、物联网、云计算、移动互联网等新一代信息技术开展创业创新	《国务院办公厅关于支持返乡下乡人员创业创新促进农村一二三产业融合发展的意见》

4.1.2.2 针对特定类型企业的税收政策

目前，小微企业、高新技术企业以及创业投资企业是吸纳就业的主力军。因此，对其实施税收优惠政策有利于促进就业（见表4－3）。统计数据显示，中小企业贡献了80%的就业，是扩大就业、促进创新创业的重要力量。高新技术企业是创新的领头羊，不断研发新产品，扩大企业规模，增加就业岗位。我国创业企业正蓬勃发展，但在发展初期由于信用风险较高，普遍面临融资难的困境，而风险投资、天使投资等以权益性资本为载体的创业投资，可以有效缓解创业企业的融资难问题，大大提升创业企业发展的内生动力，从而创造出更多的就业岗位。

表4－3　　促进特定类型企业发展的税收政策

分类	具体政策	政策来源
小微企业	自2019年1月1日至2021年12月31日，对月销售额10万元以下（以1个季度为1个纳税期的，季度销售额30万元以下，含本数）的增值税小规模纳税人，免征增值税	（1）《财政部 税务总局关于实施小微企业普惠性税收减免政策的通知》 （2）《财政部 税务总局关于明确增值税小规模纳税人免征增值税政策的公告》 （3）《中华人民共和国企业所得税法》 （4）《中华人民共和国企业所得税法实施条例》 （5）《国家税务总局关于实施小型微利企业普惠性所得税减免政策有关问题的公告》 （6）《财政部 税务总局关于实施小微企业和个体工商户所得税优惠政策的公告》 （7）《国家税务总局关于增值税小规模纳税人地方税种和相关附加减征政策有关征管问题的公告》
	自2021年4月1日至2022年12月31日，对月销售额15万元以下（含本数）的增值税小规模纳税人，免征增值税	
	自2019年1月1日至2021年12月31日，对小型微利企业年应纳税所得额不超过100万元的部分，减按25%计入应纳税所得额，按20%的税率缴纳企业所得税；对年应纳税所得额超过100万元但不超过300万元的部分，减按50%计入应纳税所得额，按20%的税率缴纳企业所得税	
	对小型微利企业年应纳税所得额不超过100万元的部分，在《财政部 税务总局关于实施小微企业普惠性税收减免政策的通知》第二条规定的优惠政策基础上，再减半征收企业所得税	
	自2019年1月1日至2021年12月31日，由省、自治区、直辖市人民政府根据本地区实际情况，以及宏观调控需要确定，对增值税小规模纳税人可以在50%的税额幅度内减征资源税、城市维护建设税、房产税、城镇土地使用税、印花税（不含证券交易印花税）、耕地占用税和教育费附加、地方教育附加。增值税小规模纳税人已依法享受资源税、城市维护建设税、房产税、城镇土地使用税、印花税、耕地占用税、教育费附加、地方教育附加其他优惠政策的，可叠加享受此项优惠政策	

续表

<table>
<tr><th>分类</th><th>具体政策</th><th>政策来源</th></tr>
<tr><td rowspan="5">高新技术企业</td><td>国家重点扶持的高新技术企业减按 15% 税率征收企业所得税</td><td rowspan="5">（1）《中华人民共和国企业所得税法》
（2）《中华人民共和国企业所得税法实施条例》
（3）《国家税务总局关于实施高新技术企业所得税优惠政策有关问题的公告》
（4）《财政部 税务总局关于延长高新技术企业和科技型中小企业亏损结转年限的通知》
（5）《财政部 税务总局 科技部关于提高研究开发费用税前加计扣除比例的通知》
（6）《财政部 税务总局关于进一步完善研发费用税前加计扣除政策的公告》</td></tr>
<tr><td>自 2018 年 1 月 1 日起，当年具备高新技术企业或科技型中小企业资格（以下统称资格）的企业，其具备资格年度之前 5 个年度发生的尚未弥补完的亏损，准予结转以后年度弥补，最长结转年限由 5 年延长至 10 年</td></tr>
<tr><td>一个纳税年度内，居民企业技术转让所得不超过 500 万元的部分，免征企业所得税；超过 500 万元的部分，减半征收企业所得税</td></tr>
<tr><td>企业开展研发活动中实际发生的研发费用，未形成无形资产计入当期损益的，在按规定据实扣除的基础上，在 2018 年 1 月 1 日至 2020 年 12 月 31 日期间，再按照实际发生额的 75% 在税前加计扣除；形成无形资产的，在上述期间按照无形资产成本的 175% 在税前摊销</td></tr>
<tr><td>制造业企业开展研发活动中实际发生的研发费用，未形成无形资产计入当期损益的，在按规定据实扣除的基础上，自 2021 年 1 月 1 日起，再按照实际发生额的 100% 在税前加计扣除；形成无形资产的，自 2021 年 1 月 1 日起，按照无形资产成本的 200% 在税前摊销</td></tr>
<tr><td rowspan="2">创业投资企业</td><td>有限合伙制创业投资企业（以下简称合伙创投企业）采取股权投资方式直接投资于初创科技型企业满 2 年的，该合伙创投企业的合伙人分别按以下方式处理：（1）法人合伙人可以按照对初创科技型企业投资额的 70% 抵扣法人合伙人从合伙创投企业分得的所得；当年不足抵扣的，可以在以后纳税年度结转抵扣。（2）个人合伙人可以按照对初创科技型企业投资额的 70% 抵扣个人合伙人从合伙创投企业分得的经营所得；当年不足抵扣的，可以在以后纳税年度结转抵扣</td><td rowspan="2">《财政部 税务总局关于创业投资企业和天使投资个人有关税收政策的通知》</td></tr>
<tr><td>公司制创业投资企业采取股权投资方式直接投资于种子期、初创期科技型企业（以下简称初创科技型企业）满 2 年（24 个月）的，可以按照投资额的 70% 在股权持有满 2 年的当年抵扣该公司制创业投资企业的应纳税所得额；当年不足抵扣的，可以在以后纳税年度结转抵扣</td></tr>
</table>

4.1.2.3 针对特别地区的税收政策

除了产业、企业这两方面，间接促进就业的税收政策还涉及针对特别地区的税收政策（见表4－4）。这些地区包括西部大开发地区、上海自由贸易试验区、海南自由贸易港、粤港澳大湾区等区域。

表4－4 促进特别地区发展的税收政策

分类	具体政策	政策来源
西部大开发地区	自2021年1月1日至2030年12月31日，对设在西部地区的鼓励类产业企业减按15%的税率征收企业所得税。本条所称鼓励类产业企业是指以《西部地区鼓励类产业目录》中规定的产业项目为主营业务，且其主营业务收入占企业收入总额60%以上的企业	《财政部 税务总局 国家发展改革委关于延续西部大开发企业所得税政策的公告》
上海自由贸易试验区	对新片区内从事集成电路、人工智能、生物医药、民用航空等关键领域核心环节相关产品（技术）业务，并开展实质性生产或研发活动的符合条件的法人企业，自设立之日起5年内减按15%的税率征收企业所得税	《财政部 税务总局关于中国（上海）自贸试验区临港新片区重点产业企业所得税政策的通知》
海南自由贸易港	全岛封关运作前，对海南自由贸易港注册登记并具有独立法人资格的企业进口自用的生产设备，除法律法规和相关规定明确不予免税、国家规定禁止进口的商品，以及本通知所附《海南自由贸易港“零关税”自用生产设备负面清单》所列设备外，免征关税、进口环节增值税和消费税。本通知所称生产设备，是指基础设施建设、加工制造、研发设计、检测维修、物流仓储、医疗服务、文体旅游等生产经营活动所需的设备，包括《中华人民共和国进出口税则》第八十四、八十五和九十章中除家用电器及设备零件、部件、附件、元器件外的其他商品	《财政部 海关总署 税务总局关于海南自由贸易港自用生产设备“零关税”政策的通知》
	全岛封关运作前，对海南自由贸易港注册登记并具有独立法人资格，从事交通运输、旅游业的企业（航空企业须以海南自由贸易港为主营运基地），进口用于交通运输、旅游业的船舶、航空器、车辆等营运用交通工具及游艇，免征进口关税、进口环节增值税和消费税	《财政部 海关总署 税务总局关于海南自由贸易港交通工具及游艇“零关税”政策的通知》
	在全岛封关运作前，对在海南自由贸易港注册登记并具有独立法人资格的企业，进口用于生产自用、以“两头在外”模式进行生产加工活动或以“两头在外”模式进行服务贸易过程中所消耗的原辅料，免征进口关税、进口环节增值税和消费税	《财政部 海关总署 税务总局关于海南自由贸易港原辅料“零关税”政策的通知》

续表

<table>
<tr><th>分类</th><th>具体政策</th><th>政策来源</th></tr>
<tr><td rowspan="6">海南自由贸易港</td><td>对境内建造船舶企业向运输企业销售且同时符合下列条件的船舶，实行增值税退税政策，由购进船舶的运输企业向主管税务机关申请退税</td><td>《财政部 交通运输部 税务总局关于海南自由贸易港国际运输船舶有关增值税政策的通知》</td></tr>
<tr><td>离岛免税政策是指对乘飞机、火车、轮船离岛（不包括离境）旅客实行限值、限量、限品种免进口税购物，在实施离岛免税政策的免税商店（以下称离岛免税店）内或经批准的网上销售窗口付款，在机场、火车站、港口码头指定区域提货离岛的税收优惠政策。离岛免税政策免税税种为关税、进口环节增值税和消费税。离岛旅客每年每人免税购物额度为 10 万元人民币，不限次数。免税商品种类及每次购买数量限制，按照本公告附件执行。超出免税限额、限量的部分，照章征收进境物品进口税</td><td>《财政部 海关总署 税务总局关于海南离岛旅客免税购物政策的公告》</td></tr>
<tr><td>对在海南自由贸易港工作的高端人才和紧缺人才，其个人所得税实际税负超过 15% 的部分，予以免征</td><td>《财政部 税务总局关于海南自由贸易港高端紧缺人才个人所得税政策的通知》</td></tr>
<tr><td>对注册在海南自由贸易港并实质性运营的鼓励类产业企业，减按 15% 的税率征收企业所得税</td><td rowspan="3">《财政部 税务总局关于海南自由贸易港企业所得税优惠政策的通知》</td></tr>
<tr><td>对在海南自由贸易港设立的旅游业、现代服务业、高新技术产业企业新增境外直接投资取得的所得，免征企业所得税</td></tr>
<tr><td>对在海南自由贸易港设立的企业，新购置（含自建、自行开发）固定资产或无形资产，单位价值不超过 500 万元（含）的，允许一次性计入当期成本费用在计算应纳税所得额时扣除，不再分年度计算折旧和摊销；新购置（含自建、自行开发）固定资产或无形资产，单位价值超过 500 万元的，可以缩短折旧、摊销年限或采取加速折旧、摊销的方法</td></tr>
<tr><td rowspan="3">粤港澳大湾区</td><td>自 2020 年 10 月 1 日至 2023 年 12 月 31 日，对注册在广州市的保险企业向注册在南沙自贸片区的企业提供国际航运保险业务取得的收入，免征增值税</td><td rowspan="2">《财政部 海关总署 税务总局关于在粤港澳大湾区实行有关增值税政策的通知》</td></tr>
<tr><td>自 2020 年 10 月 1 日起，对符合条件的出口企业从启运地口岸启运报关出口，由符合条件的运输企业承运，从水路转关直航，自广州南沙保税港区、深圳前海保税港区离境的集装箱货物，实行启运港退税政策</td></tr>
<tr><td>广东省、深圳市按内地与香港个人所得税税负差额，对在大湾区工作的境外（含港澳台）高端人才和紧缺人才给予补贴，该补贴免征个人所得税</td><td>《财政部 税务总局关于粤港澳大湾区个人所得税优惠政策的通知》</td></tr>
</table>

4.2 我国现行促进就业税收政策存在的问题

自 2007 年我国《就业促进法》颁布实施以来，我国促进就业的税收政策一直在“政策支持”中担当主角，虽然经过多年实践，我国促进就业的税收政策取得了一定的成效，但是由于我国仍然处于社会主义市场经济的初级阶段，各项政策的制定基本上都是摸索前行，而我国的就业问题又具有一定的复杂性和特殊性，所以当前的就业税收政策也就不可避免地存在一些问题。

4.2.1 税收政策长效性不够

就业问题并非是一蹴而就的问题，而是一个长期的社会问题。我国目前促进就业的税收政策，大多数是配合某一时段的具体经济形势，解决阶段性就业问题而由政府实施的短期税收优惠政策。而这些政策适用期限只有几年或更短的时间，变动较为频繁，虽然可以促进企业对劳动力的直接需求，而且政策灵活性较强，短期内的调节效果也较为明显，但调整频率相对较大，政策稳定性较差，对于长期存在的就业问题很难产生实质性影响。一般而言，某项具体的税收政策以 3 年为一个周期，到期时税务部门需要不断出台“补丁”文件以延长政策的有效期限。关于小微企业的企业所得税优惠政策、支持和促进重点群体就业创业的税收政策等执行期限的频繁延长便是明显的例证。这导致税收优惠条款十分繁杂，且无法营造持久良好的就业创业税收环境。此外，对就业税收政策的实施时间进行限制，会导致政策难以发挥其应有的效应。例如，根据相关规定，高校毕业生创业在满足一定条件下能享受减免税的待遇，其中一个条件就是其享受时限为毕业年度即 1 月 1 日至 12 月 31 日，也就是说，拿到毕业证后能享受税收优惠的时间只有半年左右，这大大减弱了就业税收政策的正向激励作用。再如，为扶持疫情下外需不足、成本上升的外贸企业，政府对出口退免税政策持续加码，引发部分企业以此谋利，不断扩大低层次产品出口规模而忽视技术创新的短视行为，因而基于此种方式增加的就业也不能长久保持。

4.2.2　受惠对象覆盖面过窄

在市场经济中，创业和创新是企业家的“专利”，是“小众”群体要做的事（李炜光，2016）。为提升就业水平，我国提出“大众创业、万众创新”的战略。相应地，与“大众创业、万众创新”相关的税收政策也应具有大众性。但是，我国鼓励就业创业的税收政策普惠程度不高，税收优惠范围过窄，仅仅惠及特定群体。例如，《财政部 税务总局 人力资源社会保障部 国务院扶贫办关于进一步支持和促进重点群体创业就业有关税收政策的通知》规定，重点创业就业群体具体包括：纳入全国扶贫开发信息系统的建档立卡贫困人口；在人力资源社会保障部门公共就业服务机构登记失业半年以上的人员；零就业家庭、享受城市居民最低生活保障家庭劳动年龄内的登记失业人员；毕业年度内高校毕业生。此外，我国就业税收政策还惠及残疾人、下岗失业人员、随军家属、军队转业干部、退役士兵等特殊群体。但这仅仅是潜在就业创业群体的一小部分，农村富余劳动力、进城务工农民、技校中专毕业生、具有专业技术的“蓝领”阶层等同样具有很强的就业创业潜能（牟可光、徐志等，2017）。他们也是就业创业的大众主体，却被排斥在就业创业的税收激励政策之外。可见，政府未能根据就业创业群体性质进行结构性分层而设定相应的就业创业税收激励政策，导致部分大众就业创业群体没有享受对应的优惠政策，与“大众创业、万众创新”目标不相协调。

4.2.3　税收优惠形式单一

目前，促进就业的税收政策优惠形式单一，没有形成多角度、全方位的优惠形式，对经济、企业等的调控作用不明显。在设计促进就业的税收政策时，大多通过减免税的单一手段来给予税收优惠，而不是整合不同的税收优惠形式，共同发力，这就会减弱政府对就业税收政策的优惠力度和调控力度。当前，对就业创业的税收优惠形式可以分为直接优惠和间接优惠。直接优惠一般指直接减少应纳税额的税额式优惠和税率式优惠，其中，税额式优惠包括减免税、税收抵免和优惠退税等形式；税率式优惠包括减按低税率征税和实行零税率等形式。间接优惠一般指通过减少应纳税所得额从而间接减少应纳税额的税基式优惠和递延式优惠，其中，税基式优惠包括起征点、免征额、费用扣除和亏损结转弥补等形式；递延式优惠包括加速折旧和延期纳税等形式。直接优惠对就业创业活动取得短期收益的优惠程度要高于间接优惠，而间接优惠更加注重激发就业创业者长期经营活动的动机。对于就业创业过程，其初创期和成长期因资金注入量少、经营风险大等问题，个人或企业难以获得稳定的盈利甚至还可能出现亏损，因此，能够获得的直接优惠空间十分有限。这客观上使得许多处于起步阶段的个人或企业被排除在享受优惠的范围之外，对于初创期和成长期的就业创业活动十分不利。

4.2.4 税收政策针对性较差

我国政府下达的有关就业税收政策文件众多而繁杂，但也因此容易出现就业税收政策缺乏一定针对性的问题，无法针对不同的企业、产业和就业形式实施不一样的就业税收政策，也无法对教育和职业培训这一从根本上解决就业问题的手段实施有针对性的税收政策，影响了就业税收政策激励效应的发挥。第一，对于不同的企业而言，相较于大型企业，我国中小企业是扩大就业、促进创新创业的重要力量，但在就业创业中一直处于弱势地位，往往难以享受有关就业创业的税收优惠政策，这导致企业资金进一步紧张，企业规模不变甚至会缩小，此时中小企业基本上不存在雇佣劳动的意愿。第二，对于不同的行业而言，近年来，第三产业是吸纳转移和新增就业的主要部门。但与此同时，第三产业的税收负担有所上升，受相对于发达国家仍较低的产业比重和部门内劳动生产率已经趋近于社会平均劳动生产率的影响，第三产业就业吸纳能力陷入瓶颈，明显与预期存在差距。第三，对于不同的就业形式而言，目前，我国就业税收政策比较集中于正规就业。很多促进就业的税收政策都要求企业与员工签订至少一年的劳动合同，但随着经济形势的不断变化，非正规就业越来越多，各种就业形式随之产生。当前，我国非正规就业形式至少包括临时性就业、劳务派遣型就业、季节性就业、自我雇用就业等，而这些就业形式很大程度上无法得到法律的承认与保护，因此，这些非正规就业的雇员会处于随时被解雇和自动离职的状态。而目前出台的相关就业税收政策未考虑到这一情况，促进就业的效果大打折扣。第四，对于职业教育和培训而言，当前我国的失业问题大

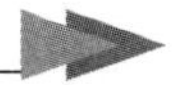

多属于结构性失业，而促进就业的税收政策并未考虑到要通过提升劳动者的就业能力来促进劳动者适应新的岗位这一方面，不能有效解决长期存在的结构性就业矛盾。

4.2.5　享受税收优惠门槛偏高

当前，促进就业的税收政策是从内容上按项目来制定优惠措施，每一项税收优惠政策几乎都需要满足一定的条件才能享受。如当前针对残疾人的就业政策税收优惠力度非常大，对雇用残疾人的企业可以享受增值税即征即退、企业所得税税前实行 100% 加计扣除工资和减免残疾人就业保障金这三类税收优惠。但这些税收优惠政策都要求残疾人拥有《残疾人证》等条件，使少数企业为了享受税收优惠而付费请残疾人用《残疾人证》在企业挂靠，并非实质到岗就业，甚至出现售卖《残疾人证》的地下市场。根据《关于促进残疾人就业增值税优惠政策的通知》规定，雇用残疾人员工占比大于等于在职总人数 25% 且人数多于等于 10 人、签订至少 1 年的用工合同、足额缴纳“五险”并保障残疾人员工最低月工资标准待遇的用工企业，不区分企业性质皆可申请增值税即征即退的减免优惠。虽然在税收优惠政策中预设一定的比例，对明确政策适用、达成政策目标具有必要性，但是人数标准与比例标准需同时满足的条件过于严苛，因为《关于促进残疾人就业增值税优惠政策的通知》预设的优惠条件是比照过去福利企业的认定标准。提高用工企业享受相应税收优惠的门槛，反而会降低相关政策的社会认同度，打击用工企业的参与热情，导致国家促进残疾人就业的政策难以产生实质性的效果，弱化了政策的操作性。又如《高新技术企业认定管理办法》规定了企业必须同时满足注册时间、拥有核心知识产权、从事研发活动的科技人员占比等八大条件才能取得高新技术企业的认定资格，享受 15% 低税率的企业所得税优惠。高新技术企业享受企业所得税优惠的门槛较高，导致大量研发速度较慢、新产品投放周期较长的企业在资金短缺的困难时期享受不到相关税收优惠政策，阻碍企业的发展，导致企业用工需求不断下降。并且由于高新技术企业认定前后 10% 的税率差，大量企业为获得税收利益，采取“伪造高新技术企业”等方式来获取相关资格，滋生了大量违法行为。

4.2.6 税收政策法律层级较低

我国当前关于促进就业的税收政策大都以财政部、国家税务总局发布的规范性文件或者国家税务总局发布的公告为载体，法律层级较低，税收政策权威性不足，而且税收优惠“政出多门”，导致就业税收政策较为繁杂，政策的整体性和协调性难以实现。党的十八届三中全会通过的《中共中央关于全面深化改革若干重大问题的决定》提出，税收优惠政策统一由专门的税收法律法规规定。就现行促进就业的税收政策而言，成文法律并不多，缺乏法律基础，而且给予地方政府自由裁量的空间过大，在一定程度上会影响就业税收政策的实施效果。

第 5 章

我国就业税收政策的效应分析

第 4 章介绍了我国就业税收政策，但这些就业税收政策的效应如何？影响程度有多大？这些问题的回答有利于科学评价就业税收政策。本章分别从劳动总需求和劳动总供给两个视角来探讨就业税收政策效应。

5.1 我国就业税收政策的劳动总需求效应分析

5.1.1 数理模型

假设市场中的企业是同质的，具有同样的生产技术且都生产同一产品，代表性企业的投入包括劳动力、资本。另外，根据内生增长理论，生产性支出和服务性支出能推动经济增长。因此，本节将生产性支出 g_p 和服务性支出 g_s 也纳入模型，则企业生产函数的具体形式可写为：

$$y_t = A(k_{p,t-1})^{\partial}(ld_t)^{\beta}(g_p)^{\phi_1}(g_s)^{\phi_2} \tag{5-1}$$

其中，y_t 表示代表性企业的产出水平，A 表示当时技术水平，$k_{p,t-1}$ 表示企业生产所投入的资本，ld_t 表示企业生产的劳动需求量，∂、β、ϕ_1、ϕ_2 分别表示资本、劳动、政府生产性支出及服务支出的边际产出弹性。

在企业利用生产要素获得产出的同时，也需要为这些生产要素的购买付出一定的成本。例如，给劳动者开出的工资、购买资本所支付的利息、购买原材料支付的成本价款及固定资产折旧都构成了企业生产的成本，另外，还需要支付一定的税金。假定产品价格为 1，企业缴纳的税金包括增值税 $\tau_c y_t$、社会保

障税 $\tau_{fw}w_t ld_t$、企业所得税 $\tau_\pi \pi_t$。因此，代表性企业的税后收益为：

$$\pi_t^a = (1-\tau_\pi)[(1-\tau_c)y_t-(r_t+\delta)k_{p,t-1}-(1+\tau_{fw})w_t ld_t] \quad (5-2)$$

根据最大化一阶条件，可以求出私人资本和劳动的最优价格水平：

$$r_t+\delta = \frac{\alpha(1-\tau_c)y_t}{k_{p,t-1}(\tau_\pi)} \quad (5-3)$$

$$w_t = \frac{\beta(1-\tau_c)y_t}{(1+\tau_{fw})ld_t} \quad (5-4)$$

实际上，式（5－3）和式（5－4）也是企业对私人资本和劳动的最优需求函数。根据式（5－3）和式（5－4）求解劳动总需求的表达式，整理得到：

$$ld_t = \left(\frac{\beta A(1-\tau_c)[k_{p,t-1}(\tau_\pi)]^\alpha (g_p)^{\phi_1}(g_s)^{\phi_2}}{w_t(1+\tau_{fw})}\right)^{\frac{1}{1-\beta}} \quad (5-5)$$

从式（5－5）可以看出，企业所得税是私人资本的函数，而私人资本又是劳动总需求的函数，所以劳动总需求会受企业所得税影响。进一步，用劳动总需求函数对企业所得税求导可得到：

$$\frac{\partial ld_t}{\partial \tau_\pi} = \frac{\alpha}{1-\beta}\left[\frac{\beta A(1-\tau_c)A(g_p)^{\phi_1}(g_s)^{\phi_2}}{w_t(1+\tau_{fw})}\right]^{\frac{1}{1-\beta}}(k_{p,t-1})^{\left(\frac{\beta}{1-\beta}+\alpha-1\right)}\frac{\partial k_{p,t-1}(\tau_\pi)}{\partial \tau_\pi} \quad (5-6)$$

式（5－6）中，等式右边前三项均为正数，那么 $\frac{\partial ld_t}{\partial \tau_\pi}$ 的符号完全取决于 $\frac{\partial k_{p,t-1}(\tau_\pi)}{\partial \tau_\pi}$ 的符号。当 $\frac{\partial k_{p,t-1}(\tau_\pi)}{\partial \tau_\pi}<0$ 时，有 $\frac{\partial ld_t}{\partial \tau_\pi}<0$，企业所得税产生的就业效应为负；当 $\frac{\partial k_{p,t-1}(\tau_\pi)}{\partial \tau_\pi}>0$ 时，$\frac{\partial ld_t}{\partial \tau_\pi}>0$，企业所得税产生的就业效应为正。该数理模型说明，企业所得税产生的就业效应不确定，还有待实证检验。

5.1.2　实证检验

考虑到增值税具有税负转嫁功能，在一定程度上属于企业的垫资行为，并不构成企业的成本，而企业所得税作为企业最重要的成本之一，企业所得税税收负担变动将会冲击企业对劳动力的总需求，进而造成就业市场的波动，用企业所得税税收负担来研究就业税收政策效应具有一定的合理性（薛凤珍，2014）。因此，本节用企业所得税税收负担作为核心解释变量来实证分析我国

就业税收政策的劳动总需求效应。

5.1.2.1　模型构建

企业是解决就业的主力军，促进就业的税收政策会直接影响到企业的企业所得税税收负担，从而影响到企业的成本，并最终影响企业的劳动总需求。为实证分析我国就业税收政策的劳动总需求效应，本节构建了如下静态面板模型：

$$NYUMG_{it} = \alpha + \beta_l BTX_{it} + \delta X_{it} + u_i + u_t + r_{it} + \varepsilon_{it} \qquad (5-7)$$

其中，i 表示省份，$i=1$，2，3，…，30；t 表示年份。$NYUMG_{it}$ 表示企业的从业人员数，用该指标来表征企业的劳动总需求，反映企业的就业吸纳能力；BTX_{it} 表示企业所得税税收负担；X_{it} 为控制变量集，包括流动资产、存货周转率、企业年龄、工资总额、资产规模；u_i 表示不可观测的个体效应；u_t 和 r_{it} 分别表示年度虚拟变量和地区虚拟变量；α 表示常数项；ε_{it} 是随机误差项。

5.1.2.2　指标选取和数据说明

为了保证指标的有效性，实证指标主要参考已有文献。为了保证合适的样本容量和数据的时效性，按需筛选出全国 30 个省区市（不含港澳台地区和西藏）2010～2019 年的企业面板数据。数据来源于国泰安数据库和睿思数据库。下面依次对各个变量进行说明。

（1）被解释变量：从业人员数。借鉴潘冬慧（2017）的研究，用各个企业员工数量作为从业人员数的代理变量。从业人员数能够直观地、实际地反映出企业人员的数量情况。在其他条件不变的情况下，从业人员数越大，说明就业规模越大，就业形势良好，反之说明就业形势严峻。

（2）核心解释变量：企业所得税税收负担。参考吴文锋（2009）的做法，企业所得税税收负担用企业所得税费用与企业利润总额的比值来表示。企业所得税作为企业最重要的生产成本之一，企业所得税税收负担的轻重将会直接影响到企业的利润空间，企业的经营管理者为了保证一定的利润规模，一种方法是裁员，另一种方法是加大工人的劳动强度，但都会影响到企业员工数量，进而造成劳动总需求变动。

（3）控制变量：参考以往研究（刘和胚、郑世林，2013；张信东等，2014），控制变量集 X_{it} 包括工资总额、资产规模、流动资产、存货周转率、企业年龄。工资总额用实际工资总额表示，并取自然对数处理。工资总额影响企业从业人员数主要通过两个途径实现：一是工资总额在企业所得税的计算中能够全部在税前扣除，降低企业的应纳税所得额，而应纳税所得额的大小能够直接影响到企业所得税税收负担，进而影响企业从业人员数；二是工资待遇是企业吸引劳动力的主要因素之一。因此，将工资总额纳入模型具有合理性。资产规模用各个企业资产负债表中的资产总额表示，并取自然对数处理。资产规模较大的企业，抵御风险的能力明显较强，也就有能力在面临系统性风险时保留足够大的员工规模。流动资产用各个企业的流动资产总额表示，并取自然对数处理。流动资产由于在较短时期内可变现，能够保证企业正常的经营，对企业从业人员数有重要影响。存货周转率是企业一定时期营业成本与平均存货余额的比率，是衡量企业投入生产、存货管理水平、销售收回能力的综合性指标，可通过不同路径影响企业从业人员数。企业年龄用企业存续时间表示。一般情况下，企业年龄越大的企业，生产经验丰富，经营理念先进，企业的财务状况较好，拥有较强的实力来保证企业的运转。另外，存续时间较长的企业，一般都有较强的社会责任感，企业会将解决就业作为履行社会责任的表现。鉴于企业年龄和从业人员数有较大的关联，将企业年龄纳入模型作为控制变量。

5.1.2.3 描述性统计分析

本节运用 Stata 15.0 软件，对各变量的数据特征做简要的描述性统计分析，统计结果见表 5－1。

表 5－1　主要变量的描述性统计

变量类型	变量符号	变量名称	Obs	Mean	Std. Dev.	Min	Max
被解释变量	NUMYG	从业人员数	9443	3935.93	9486.16	0	229154
核心解释变量	BTX	企业所得税税收负担	9305	0.20	0.52	0	28.49
控制变量	LNWG	工资总额	9204	16.97	2.14	6.14	24.65
	LNS	资产规模	6381	22.27	1.56	17.35	29.60
	LNFS	流动资产	8938	21.31	1.54	11.35	28.00
	CHZZL	存货周转率	8699	103.88	4410.57	0.01	390266.70
	AGE	企业年龄	9443	17.56	36.15	0.00	32.00

根据描述性统计分析结果可以发现，从业人员数的平均数约为3936，标准差为9486.16，最小值为0，最大值为229154，最小值与最大值相差较大，说明企业之间的从业人员数量差别明显，从数额较大的标准差也可以看出，从业人员数的波动性很强。企业所得税税收负担的平均值约为0.20，其标准差仅为0.52，说明企业的税收负担波动幅度小，且数据的精准程度高。企业的工资总额最小值为6.14，最大值为24.65，平均值为16.97，说明不同地区、不同企业的工资待遇水平有差距，同时，也受企业从业人数、企业规模的影响。从企业的资产规模来看，平均数为22.27，标准差为1.56，最小值为17.35，最大值为29.60，说明所选企业在资产规模上分布较稳定，不存在较大的波动。从流动资产规模来看，平均数为21.31，标准差为1.54，最小值为11.35，最大值为28.00，说明所选企业在流动资产规模上分布较为均匀，标准差较小表明峰度较低，流动资产规模不存在大幅度波动。从存货周转率来看，最大值为390266.70，标准差为4410.57，最小值为0.01，说明所选企业的存货周转率极差很大，并且存货周转率的波动也很大。从企业年龄来看，平均数为17.56，标准差为36.15，最小值为0.00，最大值为32.00，说明大部分企业成立时间较长。

5.1.2.4　实证结果分析

（1）相关性检验。在模型回归之前，需对模型中各变量进行相关性检验，初步判断各个变量之间的关系，相关系数结果见表5-2。从表5-2中可以发现，企业所得税税收负担与从业人员数之间的相关系数为负并且在10%的水平上显著，表明企业所得税税收负担越重，企业从业人员数越少。工资总额与从业人员数对应的相关系数值为0.041且通过了10%的显著性水平检验，表明工资总额与从业人员数之间显著正相关。资产总额与从业人员数对应的相关系数值为0.053且通过了10%的显著性水平检验，表明资产总额与从业人员数之间显著正相关。企业资产规模和流动资产规模与从业人员数之间正相关，并且通过了10%的显著性水平检验，这与设置变量时的预期相一致。存货周转率和企业年龄与从业人员数之间虽然负相关，但并不显著。

表 5-2　　相关系数表

变量	NUMYG	BTX	LNWG	AGE	LNSIZE	LNFSIZE	CHZZL
NUMYG	1.000						
BTX	-0.006* (0.09)	1.000					
LNWG	0.041* (0.000)	0.016 (0.156)	1.000				
AGE	-0.002 (0.816)	-0.003 (0.767)	0.031* (0.005)	1.000			
LNSIZE	0.053* (0.000)	0.018 (0.183)	0.686* (0.000)	-0.058* (0.000)	1.000		
LNFSIZE	0.026* (0.014)	0.024* (0.036)	0.633* (0.000)	-0.062* (0.000)	0.932* (0.000)	1.000	
CHZZL	-0.001 (0.901)	0.001 (0.952)	-0.006 (0.584)	0.008 (0.459)	-0.016 (0.212)	-0.014 (0.184)	1.000

注：* 表示变量在 10% 的显著性水平上显著。

（2）模型基准回归结果及稳健性检验。各变量之间的相关系数只能初步判断变量的变动方向，而系数的大小还需要通过计量回归分析来实现。为了获得企业所得税税收负担和企业从业人员数之间具体的关系，进一步对 5266 个样本做回归分析。本节使用 Stata 15.0 统计分析软件，采用组内离差估计（LSDV）进行模型基准回归，具体的结果见表 5-3。

表 5-3　　模型基准回归结果

变量	(1)	(2)	(3)	(4)	(5)
	LSDV	TSLS	LIML	GMM	IGMM
BTX	-330.9** (-2.01)	-84.87** (-2.33)	-84.62** (-2.36)	-84.55** (-2.42)	-85.71** (-2.43)
LNWG	58.50 (0.76)	53.13 (0.09)	54.19 (0.08)	57.19 (0.08)	59.16 (0.09)
AGE	51.82 (1.10)	25.96 (0.72)	25.16 (0.75)	25.41 (0.78)	26.32 (0.83)

续表

变量	(1)	(2)	(3)	(4)	(5)
	LSDV	TSLS	LIML	GMM	IGMM
LNSIZE	-597.7 *** (-3.05)	-689.8 *** (-3.01)	-692.3 *** (-3.07)	-676.1 *** (-3.03)	-676.5 *** (-3.11)
LNFSIZE	720.2 *** (3.23)	909.6 *** (3.48)	919.2 *** (3.55)	915.6 *** (3.68)	912.6 *** (3.44)
CHZZL	0.0290 (1.38)	0.0370 (1.16)	0.0311 (1.19)	0.0295 (1.26)	0.0282 (1.18)
地区效应	控制	控制	控制	控制	控制
年份效应	控制	控制	控制	控制	控制
_CONS	369.8 (0.16)	86.32 (0.03)	88.52 (0.11)	87.62 (0.13)	89.12 (0.09)
N	5266	5266	5266	5266	5266
R^2	0.35	0.31	0.34	0.28	0.41

注：*、**、*** 分别表示变量在 10%、5%、1% 的显著性水平上显著。

表5-3中（1）列是组内离差估计（LSDV）的回归结果。根据表5-3的回归结果，发现用组内离差估计（LSDV）方法得到企业所得税税收负担与企业从业人员数在5%的显著性水平上负相关，即企业所得税税收负担越重，越不利于企业从业人员数的增加。可能的原因是，企业所得税是一种直接税，税负难以向前或向后转嫁，较高的企业所得税会挤压企业的利润空间，有的企业为了保证利润空间会选择裁员或加大员工的劳动强度，这都不利于企业从业人员数的增加，进而造成劳动总需求减少。控制变量方面，企业的工资总额与企业的从业人员数呈正相关，这说明提高工资有利于企业从业人员数的增加。企业的资产规模与企业的从业人员数量在1%的显著性水平上呈负相关①，说明企业的资产规模越大，企业的从业人员数可能越少，这种情况可能是因为自动

① 相关系数表中的相关系数是在不加入任何干扰情况下两个变量之间的关系，而模型基准回归结果中的系数是在加入了一系列控制变量后两个变量之间的关系，所以，极有可能是加入一系列干扰因素后改变了变量的符号。在实证分析中，如果两个变量在相关系数表和模型回归结果中系数符号相反，一般选择模型回归结果的结论。

化的设备、机器人等高科技产品占企业的资产比例增大，替代了人工，从而抑制了企业人员数量的增长。企业流动资产与企业从业人员数之间正相关，说明企业流动资产增加会提高企业吸纳就业的能力。企业年龄、存货周转率与企业从业人员数之间正相关，但并不显著。①

为了保证结果的稳健性，本节使用不同方法进行回归。本节用企业所得税税收负担滞后一期作为工具变量，分别进行两阶段最小二乘法（TSLS）、有限信息最大似然法（LIML）、广义矩估计（GMM）、改进高斯混合模型（IGMM）回归，表5－3中（2）~（5）列分别为两阶段最小二乘法（TSLS）、有限信息最大似然法（LIML）、广义矩估计（GMM）、改进高斯混合模型（IGMM）回归的结果。回归结果表明，变换方法回归后企业所得税税收负担的系数符号并未改变，且显著性水平还有所提高，这说明企业所得税税收负担与企业从业人员数之间负相关的结论是稳健的。

（3）异质性分析。我国幅员辽阔，不同地区的经济发展水平存在较大差异，所以不同地区的企业从业人员数对企业所得税税收负担变动的反应也就存在异质性特征。本节根据我国企业所属省份，将其划分为东部、中部和西部三个地区并对其分类回归。回归结果见表5－4。

表5－4　　　　分地区回归结果

变量	（1）	（2）	（3）
	东部	中部	西部
BTX	−487.7** （−2.39）	−340.8* （−1.71）	−223.7* （−1.75）
LNWG	−32.58 （−0.31）	−170.1* （−1.69）	609.0*** （3.00）
AGE	43.38* （1.77）	−255.9*** （−3.81）	317.3* （1.79）

① 企业年龄、存货周转率与企业从业人员数之间的关系在相关系数表和模型基准回归结果中符号相反，同样可能是由于基准模型中加入了控制变量所致。另外，企业年龄、存货周转率与企业从业人员数之间的关系不管是在相关系数表还是在模型基准回归结果中，虽然符号相反，但统计检验都不显著，这更加不会影响本书企业所得税税收负担与企业从业人员数负相关的核心结论。

续表

变量	(1)	(2)	(3)
	东部	中部	西部
LNSIZE	-636.0*** (-3.44)	1219.2* (1.85)	-2178.8*** (-4.24)
LNFSIZE	754.5*** (3.02)	-808.2 (-1.39)	2170.6*** (3.92)
CHZZL	-0.0247 (-0.54)	-0.350** (-2.15)	0.0751*** (4.53)
地区效应	控制	控制	控制
年份效应	控制	控制	控制
_CONS	2163.1 (0.78)	-304.6 (-0.08)	-7683.9 (-1.25)
N	3436	988	842
R^2	0.35	0.39	0.37

注：*、**、*** 分别表示变量在10%、5%、1%的显著性水平上显著。

表5-4中（1）~（3）列分别为对东部、中部、西部的组内离差估计（LSDV）回归结果。从表中的回归结果来看，三个地区的企业所得税税收负担与企业从业人员数均为显著负相关，说明无论哪个地区，企业所得税税收负担加重都不利于企业人员数的增长。进一步分析发现，东部地区企业从业人员数受到企业所得税税收负担的影响最大，其次是中部地区，西部地区企业从业人员数受到企业所得税税收负担的影响最小。原因可能是，经济越发达的地区，聚集了更多的企业，企业从业人员数较多，企业所得税税收负担较小的变化也会带来企业从业人员数较大的波动。

控制变量方面，工资总额在不同地区对企业从业人员数所带来的效应存在较大差异。东部地区工资总额的系数为负，但统计上并不显著；中部地区工资总额系数在10%的显著水平上负相关；西部地区工资总额系数在1%的显著水平上正相关。资产规模在东部和西部都表现为1%的显著性水平上负相关，在中部表现为10%的显著性水平上正相关。流动资产规模对企业从业人员数的影响在东部和西部地区表现为正相关，在中部地区表现为负相关，但统计上并不显著。存货周转率对企业从业人员数的影响在东部和中部地区表现为负相关，在西部地区为正相关。企业年龄与企业从业人员数之间的关系在不同地区之间表现出较大的异质性特征，在东部和西部地区表现为正相关，在中部地区表现为负相关。

本节的研究还注意到，如果企业的股权性质不同，企业所得税税收负担会存在较大差异，那么不同股权性质企业的企业所得税税收负担对企业从业人员数的影响就会存在较大的差异。因此，本节参考王跃堂、王国俊等（2012）的研究，将企业股权性质划分为外资企业、国有企业、民营企业，并以此为基础进行分权属回归分析，表5－5中（1）~（3）列分别为对外资企业、国有企业和民营企业的组内离差估计（LSDV）回归结果。从回归结果来看，三种股权性质企业的企业所得税税收负担对企业从业人员数的影响均为负相关，但股权性质不同的企业，其企业所得税税收负担对企业从业人员数的影响程度却表现出明显的异质性特征。具体地，国有企业企业所得税税收负担对企业从业人员数的影响最大，其次是外资企业，民营企业企业所得税税收负担对企业从业人员数的影响最小且统计检验并不显著。原因可能是，国有企业改革后，促使国有企业真正成为依法自主经营、自负盈亏、自担风险、自我约束、自我发展的独立市场主体成为发展市场经济的主基调，相较于较早参与市场竞争的外资企业和民营企业，面对企业所得税税收负担的变化冲击，外资企业和民营企业能很快调整适应，而国有企业可能应对速度较慢，为了保证利润空间而要求大量员工下岗，这在一定程度上造成国有企业从业人员数对企业所得税税收负担变化的反应更加敏感。

控制变量方面，工资总额对企业从业人员数的影响在外资企业和民营企业中表现为正相关，在国营企业中表现为负相关。资产规模对企业从业人员数的影响在外资企业中表现为正相关，在国有企业和民营企业中表现为负相关。流动资产规模和存货周转率与企业从业人员数之间的关系在不同股权性质企业中分别表现为正相关和负相关。企业年龄对企业从业人员数的影响在外资企业中表现为负相关，在国有企业和民营企业中表现为正相关。

表 5－5　分权属回归结果

变量	(1) 外资企业	(2) 国有企业	(3) 民营企业
BTX	-206.0* (-1.71)	-648.3** (-2.13)	-176.9 (-1.18)
LNWG	43.19 (0.23)	-8.022 (-0.07)	160.4 (1.22)
AGE	-26.90 (-1.03)	31.25 (0.89)	45.95 (0.86)
LNSIZE	76.26 (0.11)	-176.8 (-0.62)	-1209.5*** (-4.96)
LNFSIZE	299.9 (0.53)	518.5 (1.50)	1022.5*** (3.89)
CHZZL	-4.013 (-1.30)	-0.0380 (-0.79)	-0.781*** (-2.77)
_CONS	-5663.5 (-1.27)	-3403.9 (-0.83)	5758.8*** (3.36)
地区效应	控制	控制	控制
年份效应	控制	控制	控制
N	335	2708	2150
R^2	0.56	0.60	0.41

注：*、**、*** 分别表示变量在 10%、5%、1% 的显著性水平上显著。

5.2　我国就业税收政策的劳动总供给效应分析

5.2.1　数理模型

假定市场中所有劳动者都同质，家庭的效用由消费c_t、闲暇$1-l_{S_t}$及获得的社会保障和就业支出g_t三方面构成，家庭在劳动力市场上出售劳动力获得税后劳动收入为$(1-\tau_w-\tau_{pw})w_t l_{S_t}$，其中，$\tau_w$、$\tau_{pw}$、$w_t$分别为个人所得税税率、社会保障税、工资率。同时，家庭也会将部分税后收入进行资本出让，获得资本出让收益为（$1+r_t$）k_{t-1}，其中，r_t 和 k_{t-1}分别是利率和上一期的资本存量。考虑到厂商给家庭分配的利润和政府的就业与社会保障支出也是家庭收入的主要来源，家庭效用函数在约束条件下可以表示为：

$$\max \sum_{t=0}^{\infty} \rho^t \left[\frac{(c_t g_t)^{1-\varphi} - 1}{1-\varphi} + \phi \frac{(1-l_{S_t})^{1-\gamma} - 1}{1-\gamma} \right]$$

$$s.t(1+\tau_c)c_t + k_t = (1-\tau_w-\tau_{pw})w_t l_{S_t} + (1+r_t)k_{t-1} + \pi_t + g_t \tag{5-8}$$

其中，π_t 为厂商给居民分配的利润，g_t 为政府支付的就业与社会保障服务支出，ρ 为主观贴现率，ϕ 为闲暇对家庭效用的影响程度，且 $0<\phi<1$。至此，构造拉格朗日函数求最优解可表示为：

$$L^{\phi} = \frac{(c_t g_t)^{1-\varphi} - 1}{1-\varphi} + \phi \frac{(1-l_{S_t})^{1-\gamma} - 1}{1-\gamma} + \lambda[(1+\tau_c)c_t + k_t - (1-\tau_w-\tau_{pw})w_t l_{S_t} - (1+r_t)k_{t-1} - \pi_t - g_t] \tag{5-9}$$

利用拉格朗日函数分别对 l_{S_t}和 c_t 求导，得到家庭消费和闲暇的最大化一阶条件，经整理得到家庭最优劳动供给表达式为：

$$l_{S_t} = 1 - \left[\frac{\phi(1+\tau_c)c_t^{\phi}}{(1-\tau_w-\tau_{pw})w_t g_t^{1-\varphi}} \right]^{\frac{1}{\gamma}} \tag{5-10}$$

式（5－10）表明，家庭最优劳动供给是关于增值税、个人所得税及社会保障税等变量的函数。增值税、个人所得税及社会保障税的变化都会对劳动总供给造成冲击，即就业税收政策的改变会引起劳动总供给效应的变化。

5.2.2 实证检验

数理模型及推导结论表明，增值税、个人所得税及社会保障税会引起就业效应的改变，然而，现实中就业税收政策效应在方向上和影响程度上还有待进一步检验。因此，本节使用 1990～2019 年的数据实证考察我国就业税收政策效应。考虑到征收增值税、个人所得税及社会保障税都会减少居民收入，收入减少会改变居民在闲暇和就业之间的选择，进而影响到就业税收政策效应。基于此，本节借鉴杨晓妹（2014）的做法，构建含有增值税、个人所得税、社会保障税及劳动总供给的向量自回归模型（VAR），从劳动总供给的视角实证

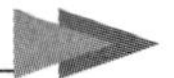

分析就业税收政策效应。

5.2.2.1　向量自回归模型的构建

（1）向量自回归模型（VAR）一般形式的说明。经济系统的各个变量之间是相互关联的，运用传统的计量经济学模型来拟合变量之间的关系会出现内生性问题，导致模型的拟合优度较差，为了解决这一问题，西姆斯（Sims，1980）首次提出了基于多变量时间序列的向量自回归模型（VAR）。其一般形式如下所示：

$$\begin{Bmatrix} y_{1t} \\ y_{2t} \\ y_{3t} \\ \vdots \\ y_{kt} \end{Bmatrix} = \partial_1 \begin{Bmatrix} y_{1t-1} \\ y_{2t-1} \\ y_{3t-1} \\ \vdots \\ y_{kt-1} \end{Bmatrix} + \partial_2 \begin{Bmatrix} y_{1t-2} \\ y_{2t-2} \\ y_{3t-2} \\ \vdots \\ y_{kt-2} \end{Bmatrix} + \partial_3 \begin{Bmatrix} y_{1t-3} \\ y_{2t-3} \\ y_{3t-3} \\ \vdots \\ y_{kt-3} \end{Bmatrix} + \cdots \partial_n \begin{Bmatrix} y_{1t-n} \\ y_{2t-n} \\ y_{3t-n} \\ \vdots \\ y_{kt-n} \end{Bmatrix} + \partial_{n+1} \begin{Bmatrix} x_{1t} \\ x_{2t} \\ x_{3t} \\ \vdots \\ x_{kt} \end{Bmatrix} + \begin{Bmatrix} u_{1t} \\ u_{2t} \\ u_{3t} \\ \vdots \\ u_{kt} \end{Bmatrix}$$

进一步，可写为等式：$y_t = \partial_1 y_{t-1} + \partial_2 y_{t-2} + \partial_3 y_{t-3} + \cdots + \partial_n y_{t-n} + \partial_{n+1} x_t + u_t$，其中，$y_t$ 为内生变量，x_t 为外生变量，∂_n 为待估参数矩阵，u_t 为随机扰动向量。

（2）指标选取。本节主要关注增值税、个人所得税及社会保障税对劳动总供给的影响。借鉴杨晓妹（2014）的做法，选用经济活动人口衡量劳动总供给，社会保障费作为社会保障税的替代变量。因此，本节选择的指标包括增值税、个人所得税、社会保障税、经济活动人口。考虑到原始数据存在较大的波动，为了减少伪回归出现，本节对所有变量先进行指数平减，再取对数，最后做差分处理。本节所使用的数据均来源于睿思数据库，数据处理软件为 Stata 15.0。指标介绍见表 5－6。

表 5－6　　指标介绍

变量符号	变量名称	具体含义
DLNLAB	经济活动人口增长率	劳动总供给人口从本期到下一期的变动
DLNSPS	增值税增长率	增值税从本期到下一期的变化
DLNSDS	个人所得税增长率	个人所得税从本期到下一期的变化
DLNSBS	社会保障税增长率	社会保障税从本期到下一期的变化

（3）向量自回归模型（VAR）的识别。时间序列文献中，在进行时间序列估计前，应该首先考察变量的时间趋势，图5－1为各变量经过差分后的时间趋势图。从图5－1中可以看出，各变量均符合随机游走假定，即不存在时间趋势，已经满足时间序列分析的基本条件。从整体上看，除个人所得税外，各变量的波动幅度逐渐减弱，最终有趋同的态势。图中2019年个人所得税增长率大幅度下降，原因是2019年个人所得税改革，减少了个人所得税收入。

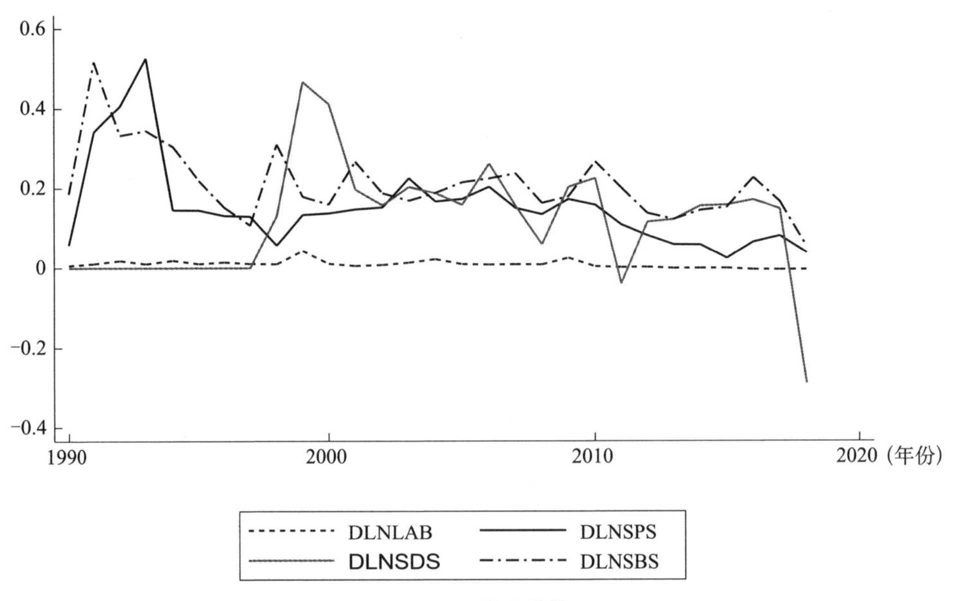

图5－1　差分趋势

从差分后的时间趋势图可发现，各变量随机游走的特征满足了时间序列数据分析的基本要求，但数据的平稳性仍需要通过数值检验。本节借鉴陈强（2013）的做法，采用DF方法和稳健的PP方法对变量进行平稳性检验。检验结果见表5－7。

表5－7　平稳性检验

变量	检验方法	输出统计量	临界值1%	临界值5%	临界值10%	p值	结论
DLNLAB	DF	−3.351**	−3.730	−2.992	−2.626	0.013	平稳
	PP	−18.695**	−17.404	−12.596	−10.260	0.011	平稳

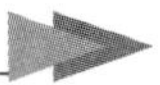

续表

变量	检验方法	输出统计量	临界值 1%	临界值 5%	临界值 10%	p 值	结论
DLNSPS	DF	-2.620*	-3.730	-2.992	-2.626	0.090	平稳
	PP	-14.327*	-17.404	-12.596	-10.260	0.053	平稳
DLNSDS	DF	-3.180**	-3.730	-2.992	-2.626	0.041	平稳
	PP	-11.584*	-17.404	-12.596	-10.260	0.088	平稳
DLNSBS	DF	-3.276**	-3.730	-2.992	-2.626	0.016	平稳
	PP	-19.558**	-17.404	-12.596	-10.260	0.011	平稳

注：*、** 分别表示变量在 10%、5% 的显著性水平上显著。

从表 5-7 可以发现，各个变量在取一阶差分后，输出统计量均在 10% 的水平上显著，且个别值在 5% 的水平上显著，这说明一阶差分后的时间序列为平稳时间序列。在平稳性检验通过后，还需要进行最优滞后阶数的确定才能进行向量自回归模型（VAR）的估计。合理选择最优滞后阶数非常重要，如果向量自回归模型（VAR）的滞后阶数选择较大，将会带来估计参数变多、损失模型自由度和参数估计结果不准确的后果。因此，本节综合上述两种情况，折中选择合适的滞后阶数。检验结果见表 5-8。

表 5-8　　VAR 模型滞后项的确定

滞后阶数	LL	LR	df	p	FPE	AIC	HQIC	SBIC
0	174.74				1.4E-11	-13.66	-13.61	-13.46*
1	196.11	42.74	16	0.000	9.1E-12	-14.09	-13.82	-13.11
2	213.88	35.54	16	0.003	8.9E-12*	-16.23*	-13.74	-12.48
3	225.63	23.46	16	0.102	1.7E-11	-13.88	-13.19	-11.35
4	257.24	63.26	16	0.000	1.0E-11	-15.14	-14.22*	-11.82

注：*表示在该统计方法下选择的最优滞后阶数。

从表 5-8 可以发现，FPE、AIC 统计方法要求滞后 2 阶，HQIC 要求滞后 4 阶，而 SBIC 统计显示不需要滞后。学界认为，SBIC 信息准则提供的滞后阶数过于保守，但是如果选择 HQIC 准则滞后 4 阶又可能损失较多的自由度。所以，作为折中，本节选择滞后 2 阶构建向量自回归模型（VAR），这样既可以保证随机扰动项为白噪声过程，又能较为准确地估计向量自回归模型（VAR）的系数。

5.2.2.2 基于向量自回归模型（VAR）联动效应的实证检验

（1）向量自回归模型（VAR）估计。在通过剔除价格指数、取对数平滑异方差、一阶差分的平稳性检验及向量自回归模型（VAR）最优滞后阶数选择的基础上，构建滞后2期的向量自回归模型（VAR）模型。

$$\begin{Bmatrix} DLN\,LAB_t \\ DLN\,SPS_t \\ DLN\,SDS_t \\ DLN\,SBS_t \end{Bmatrix} = \partial_0 + \partial_1 \begin{Bmatrix} DLN\,LAB_{t-1} \\ DLN\,SPS_{t-1} \\ DLN\,SDS_{t-1} \\ DLN\,SBS_{t-1} \end{Bmatrix} + \partial_2 \begin{Bmatrix} DLN\,LAB_{t-2} \\ DLN\,SPS_{t-2} \\ DLN\,SDS_{t-2} \\ DLN\,SBS_{t-2} \end{Bmatrix} + \begin{Bmatrix} u_{1t} \\ u_{2t} \\ u_{3t} \\ u_{4t} \end{Bmatrix}$$

其中，∂_0、∂_1、∂_2 为向量自回归模型的参数矩阵，u_{it}为随机扰动项，其估计结果见表5－9。

表5－9　　向量自回归模型（VAR）估计结果

方程	变量名	估计参数	标准差	统计量	p值
DLNLAB	L1. DLNLAB	0.440 *	0.230	1.910	0.056
	L2. DLNLAB	0.218	0.208	1.050	0.294
	L1. DLNSPS	－0.001	0.024	－0.020	0.985
	L2. DLNSPS	0.002	0.022	0.100	0.917
	L1. DLNSDS	－0.023 **	0.022	－2.270	0.028
	L2. DLNSDS	－0.009	0.019	－0.490	0.624
	L1. DLNSBS	0.038 *	0.024	1.970	0.082
	L2. DLNSBS	－0.036	0.027	－1.320	0.186
	－CONS	0.006	0.007	0.890	0.372
DLNSPS	L1. DLNLAB	2.958 *	1.615	1.830	0.067
	L2. DLNLAB	0.447	1.462	0.310	0.760
	L1. DLNSPS	0.238	0.167	1.420	0.155
	L2. DLNSPS	－0.346 **	0.152	－2.280	0.023
	L1. DLNSDS	－0.185	0.155	－1.200	0.230
	L2. DLNSDS	0.165	0.133	1.240	0.214
	L1. DLNSBS	0.545 ***	0.170	3.210	0.001
	L2. DLNSBS	0.479 **	0.192	2.490	0.013
	－CONS	－0.086 *	0.049	－1.760	0.078

续表

方程	变量名	估计参数	标准差	统计量	p 值
DLNSDS	L1. DLNLAB	7.338 **	3.090	2.380	0.018
	L2. DLNLAB	0.095	2.796	0.030	0.973
	L1. DLNSPS	-0.228	0.320	-0.710	0.475
	L2. DLNSPS	-0.029	0.290	-0.100	0.920
	L1. DLNSDS	0.201	0.296	0.680	0.496
	L2. DLNSDS	-0.032	0.254	-0.120	0.901
	L1. DLNSBS	0.047	0.325	0.140	0.885
	L2. DLNSBS	-0.630 *	0.368	-1.710	0.087
	- CONS	0.198 **	0.094	2.110	0.035
DLNSBS	L1. DLNLAB	1.038	1.282	0.810	0.418
	L2. DLNLAB	1.747	1.161	1.510	0.132
	L1. DLNSPS	0.374 ***	0.133	2.820	0.005
	L2. DLNSPS	0.020	0.121	0.160	0.870
	L1. DLNSDS	-0.034	0.123	-0.270	0.784
	L2. DLNSDS	-0.032	0.106	-0.310	0.759
	L1. DLNSBS	0.111	0.135	0.830	0.409
	L2. DLNSBS	-0.231	0.153	-1.510	0.130
	- CONS	0.145 ***	0.039	3.720	0.000

注：*、**、*** 分别表示变量在 10%、5%、1% 的显著性水平上显著。

表 5-9 为向量自回归模型（VAR）的回归结果，其中，L1、L2 分别表示对应变量的滞后项，4 个方程的可决系数分别为 0.3792、0.7020、0.4259、0.5709，F 统计量对应的 p 值分别为 0.0358、0.0000、0.0102、0.0000。从整体上看，构建的向量自回归模型拟合程度较好，对模型有较强的数据解释能力。从回归结果来看，个人所得税对劳动总供给有抑制作用，社会保障税对劳动总供给有促进作用，增值税对劳动总供给有促进作用但统计上并不显著。这其中的原因可能是个人所得税的替代效应大于收入效应，即劳动者在闲暇与劳动间更偏向于闲暇，最终劳动总供给减少，而缴纳的社会保障税税款直接进入个人社会保障基金账户，其税款的多少直接与工资基数挂钩，因此社会保障税会增加劳动总供给，考虑到增值税是价

外税，增值税变化对劳动者税痛感不明显，从而对劳动总供给的影响也不显著。

虽然模型仅仅滞后2期，但此向量自回归模型（VAR）估计的参数却达到36个，以至于无法很精准估计待估参数。因此，在分析向量自回归模型（VAR）时，学界更多运用脉冲响应分析和方差分解来解释变量之间的联动机制。在进行脉冲响应分析和方差分解前，需要对模型进行系数联合显著性检验、系统稳定性检验及格兰杰因果检验。

（2）系数联合显著性检验。从表5-10可以看出，滞后1阶和滞后2阶系数均在1%的水平上显著，表明各阶系数的整体显著性很强。其结果输出见表5-10。

表5-10　各阶系数联合性 Wald 检验

滞后期	输出统计量	自由度	p值
1	78.481***	16	0.000
2	43.233***	16	0.000

注：*** 表示变量在1%的显著性水平上显著。

从表5-10中输出结果可见，滞后1期的统计值为78.481，滞后2期的统计值为43.233，其p值分别为0.000和0.000，这说明模型的整体显著性较强。

（3）系统稳定性检验。对于向量自回归模型（VAR）的系统稳定性检验，学界常用的办法是检验残差项是否满足无自相关假定和特征值是否位于单位圆内，向量自回归模型（VAR）的系统稳定性要求残差项满足无自相关条件和特征值落在单位圆内。

LM检验的原假设是“残差无自相关”。表5-11中滞后期的p值大于0.1，表明在10%的显著性水平下接受原假设，证明随机扰动项为“白噪声过程”。

表5-11　残差 LM 检验

滞后期	输出统计量	自由度	p值
1	16.6202	16	0.4106
2	23.1916	16	0.1087

从图 5－2 可见，所有特征值均落在单位圆之内，表明构建滞后 2 阶的向量自回归模型（VAR）是稳健的，随后的格兰杰因果检验、脉冲响应分析和方差分解均建立在滞后 2 阶的向量自回归模型（VAR）基础之上。

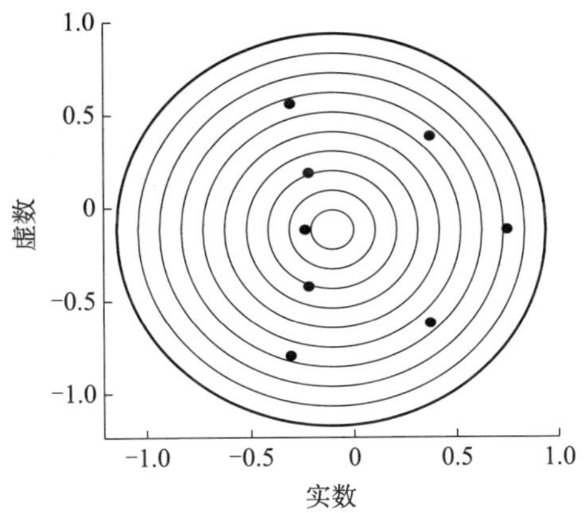

图 5－2　向量自回归模型（VAR）稳定性识别

（4）格兰杰因果检验。格兰杰因果检验并非真正意义上的因果联系，只是表明一个变量的变化能否预测另一个变量的变化。为了考察增值税、个人所得税、社会保障税、劳动总供给四者之间的联动机制，本节进行如下格兰杰因果检验分析（见表 5－12）。

表 5－12　格兰杰因果检验

方程	排除变量	输出统计量	自由度	p 值
DLNLAB	DLNSPS	3. 0109	2	0. 257
	DLNSDS	5. 1159 *	2	0. 071
	DLNSBS	4. 842 *	2	0. 089
	ALL	11. 193 *	6	0. 093
DLNSPS	DLNLAB	3. 858	2	0. 145
	DLNSDS	1. 851	2	0. 396
	DLNSBS	14. 697 ***	2	0. 001
	ALL	21. 473 ***	6	0. 002

续表

方程	排除变量	输出统计量	自由度	p 值
DLNSDS	DLNLAB	5.944 *	2	0.051
	DLNSPS	0.539	2	0.764
	DLNSBS	3.061	2	0.216
	ALL	8.751	6	0.188
DLNSBS	DLNLAB	3.60	2	0.165
	DLNSPS	8.140 **	2	0.017
	DLNSDS	0.437	2	0.804
	ALL	19.18 ***	6	0.004

注：*、**、*** 分别表示变量在 10%、5%、1% 的显著性水平上显著。

根据表 5－12 可以发现，在方程中，部分变量通过了格兰杰因果检验，具体解释如下。

增值税和劳动总供给相互不构成格兰杰因果关系。这其中的原因，可能是增值税是价外税，增值税变化给劳动者带来的税痛感不明显，从而对劳动总供给的影响不显著，而劳动总供给不是增值税的格兰杰原因，可能是由于劳动总供给变化影响到增值税的传播路径较长，影响因素较多，两者之间并不构成直接的因果关系。个人所得税和社会保障税均是劳动总供给的格兰杰原因。个人所得税和社会保障税的变化会立刻引起劳动总供给的变化，原因在于相较于增值税，个人所得税和社会保障税会让纳税人直接感受到可支配收入变化，负税感更加强烈。所以，一旦个人所得税和社会保障税发生改变，纳税人就会在闲暇和工作之间快速作出决策，进而影响劳动总供给，致使就业税收政策效应发生改变。

5.2.2.3 脉冲响应分析

根据向量自回归模型（VAR）的估计系数，可以辨别不同税种变化对就业效应的影响方向，而通过格兰杰因果检验又再一次验证了逻辑关系的合理性。但从长期来看，就业对不同税种的冲击如何反应需要进一步的考察。因此，本节运用脉冲响应分析来研究就业税收政策的长期效应。

从图 5－3 可见，对于增值税变化 1%的冲击，劳动总供给在第 1 期有很小的下降，随后第 2 期快速上升，第 3 期、第 4 期逐渐下降，然后在第 5 期又有一个大幅反弹，接着波动下降，在 20 期后逐渐收敛至初始状态。从图 5－3 中可以看到，对于增值税变化 1%的冲击，劳动总供给有一个小幅度的下降，这也与表 5－9 中向量自回归模型（VAR）估计的参数相一致。第 2 期后，脉冲响应曲线虽然呈现波动下降趋势，但始终在横轴上方，所以从长远来看，增值税变化冲击对劳动总供给具有正向的促进作用。

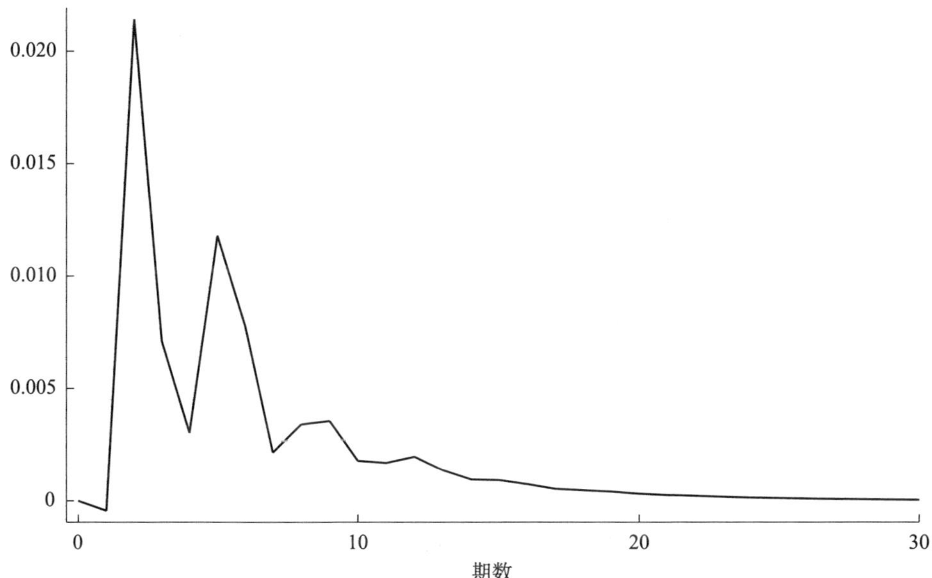

图 5－3　劳动总供给对增值税的脉冲响应曲线

从图 5－4 可见，对于个人所得税变化 1%的冲击，劳动总供给迅速下降，在第 2 期降至最低点，随后在第 4 期、第 5 期迅速回弹，第 6 期以后波动上升，在第 20 期后恢复到初始状态。从长期来看，面对个人所得税一个标准差的冲击，劳动总供给的脉冲响应曲线虽然在第 2 期后快速回调，但是始终在横轴下方，说明个人所得税对劳动总供给产生了负面影响。究其原因，可能是个人所得税增加将会降低人们的可支配收入，使得收入效应小于替代效应，这样理性的个人就会选择比以前更多的闲暇，最终导致劳动总供给减少。因此，如果个人所得税税率提高，劳动者会选择减少劳动供给，最终会削弱就业税收政策效应。

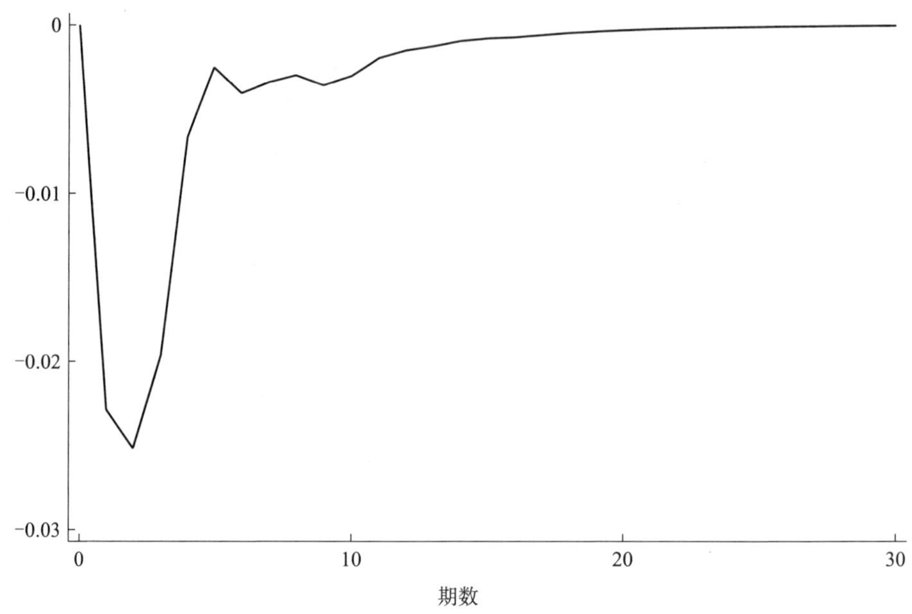

图 5-4　劳动总供给对个人所得税的脉冲响应曲线

从图 5-5 可知，对于增加 1% 的社会保障税冲击，劳动总供给迅速做出正向的反应，随后在第 2 期快速下降至横轴下方，这也与向量自回归模型（VAR）的参数估计结果相一致，也再次验证了向量自回归模型（VAR）参数估计的有效性。随后在第 3 期快速回弹至横轴上方，第 4 期开始波动下降，在第 17 期以后逐渐收敛至初始状态。根据劳动总供给对社会保障税的脉冲响应曲线来看，劳动总供给对社会保障税的脉冲响应曲线大部分在横轴上方，说明社会保障税冲击对劳动总供给具有正向的促进作用。值得注意的是，尽管社会保障税和个人所得税都是对劳动所得征税，但是劳动总供给对个人所得税和社会保障税的脉冲响应曲线却是两个方向。具体来说，个人所得税对劳动总供给具有抑制作用，而社会保障税对劳动总供给具有促进作用。究其原因，在于社会保障税纳入个人专项账户，劳动者的收入并没有减少，这也就不能改变劳动者的预期。相反，提高 1% 的社会保障税，劳动者为了获得和征税前一样的消费水平，反而还需要增加劳动，这也就是图 5-5 中劳动总供给的脉冲响应曲

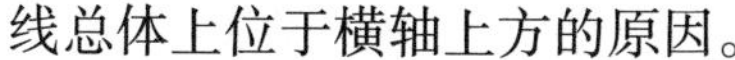

线总体上位于横轴上方的原因。

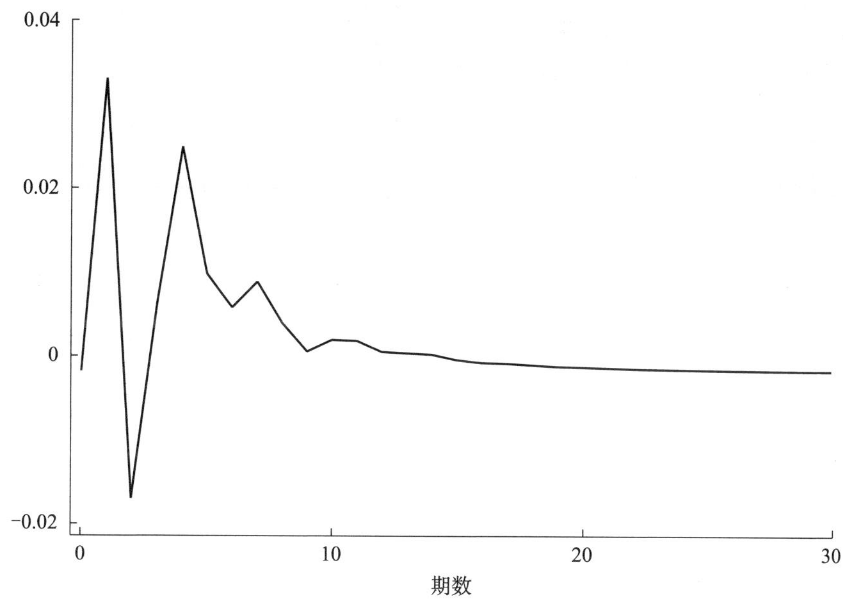

图 5 – 5　劳动总供给对社会保障税的脉冲响应曲线

5.2.2.4　*方差分解*

脉冲响应分析帮助我们厘清了劳动总供给对各个税种冲击的长期反应，但是这种冲击反应的波动分别由各个税种贡献多少比例来决定，这也是科学合理评价就业税收政策效应的重要方面。

从方差分解图 5 – 6 可以看出，对劳动总供给影响从大到小的变量依次是劳动总供给本身、个人所得税、社会保障税、增值税。从表 5 – 13 可以看出，在第 5 期以后，劳动总供给本身对劳动总供给波动的方差贡献达到了 82.6%，这说明劳动力供给市场的波动主要来自劳动力本身，对劳动力市场系统内部过度依赖，记忆衰减较慢。对劳动总供给波动最大的税种是个人所得税，最高值达到 13.2%，社会保障税和增值税的方差贡献分别约为 4% 和 3%，这在一定程度上说明了社会保障税和增值税对劳动总供给的调节作用不强。

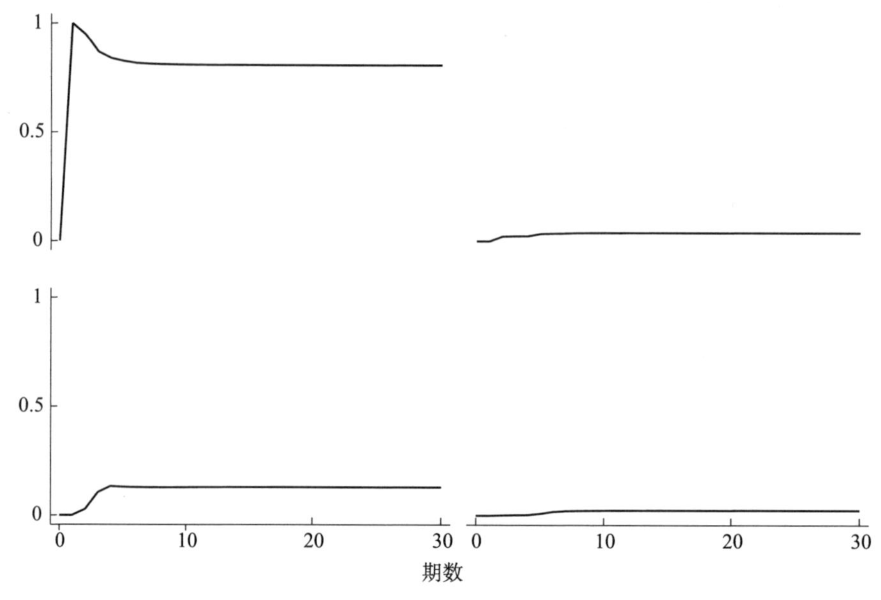

图 5-6　方差分解

表 5-13　各变量对劳动总供给的方差分解

滞后期	DLNLAB	DLNSPS	DLNSDS	DLBSBS
1	1	0	0	0
2	0.948	0.002	0.027	0.022
3	0.868	0.003	0.104	0.023
4	0.839	0.018	0.132	0.024
5	0.826	0.025	0.129	0.039

5.3　小结

本章分别从劳动总需求和劳动总供给两个视角研究了就业税收政策效应。从就业税收政策劳动总需求效应来看，在构建劳动总需求数理模型的基础上开展实证研究。研究结果表明：企业所得税税收负担与企业从业人员数呈负相关，即提高企业所得税税收负担会减少企业从业人员数，造成劳动总需求的减少，该结论在变换不同方法后依然成立。为了丰富该研究，分别基于地区差异和权属差异进行异质性分析。异质性分析结果表明：在地区差异条件下，东部地区企业从业人员数受到企业所得税税收负担的影响最大，其次是中部地区，西部地区企业从业人员数受到企业所得税税收负担的影响最小；在权属差异条件下，国有企业企业所得税税收负担对企业从业人员数的影响最大，其次是外资企业，民营企业企业所得税税收负担对企业从业人员数的影响最小且统计检验并不显著。

从劳动供给端来看，首先在分析数理模型的基础上，构建一个含有增值税、个人所得税、社会保障税及劳动总供给的四元向量自回归模型（VAR），研究不同税种变化1%对劳动总供给的影响。研究结论表明：增值税冲击对劳动总供给在短期内并未显著发挥正向的促进作用，但长期的就业效应较为明显；社会保障税无论在短期还是长期，均对劳动总供给产生正向的推动作用；个人所得税对劳动总供给产生了抑制作用，不利于就业税收政策效应的发挥。进一步从方差分解来看，增值税、个人所得税、社会保障税对劳动总供给的贡献分别为3%、13.2%、4%，即个人所得税对劳动总供给波动的方差贡献最高。但通过实证研究已经表明，个人所得税对劳动总供给具有负向作用，因此，增值税和社会保障税对劳动总供给的正向促进作用有可能会被个人所得税对劳动总供给的抑制作用所抵消。

第 6 章

我国现行促进就业税收政策执行情况的调查分析——以江西省为例

6.1 问卷调查的样本选择和数据收集

为了具体地了解我国现行有关促进就业税收政策的执行情况，发现促进就业税收政策在执行过程中存在的问题，为后续完善促进就业税收政策提供参考和依据，本章采用问卷调查方式，以江西省为例，对促进就业税收政策的执行情况展开分析。

问卷的发放对象分为企业与个体工商户，借助网络在江西省内各地市发放电子问卷，共收回有效问卷 716 份，其中，从企业收回总计 600 份，企业问卷按地市划分为抚州市 56 份、赣州市 101 份、吉安市 48 份、景德镇市 48 份、九江市 62 份、南昌市 165 份、萍乡市 18 份、新余市 11 份、上饶市 51 份、宜春市 118 份、鹰潭市 42 份；从个体工商户收回总计 116 份。问卷发放覆盖江西省各地市，问卷收集源自不同行业、不同群体，既有企业也有个体工商户，具有代表性和真实性，数据分布与现实情况大致相符，调查内容广泛，数据翔实可信，能够较好地反映目前江西省的促进就业税收政策的执行情况。

6.2 描述性统计分析

为充分了解掌握江西省的促进就业税收政策执行情况，问卷回收后，对数

据进行了整理归纳，就样本基本特征、政策宣传情况、政策受惠情况、政策评价情况、问题及建议调查情况进行了分类整理，具体情况如下。

6.2.1　样本基本特征

经过对问卷的统计后得出样本企业基本特征如下：（1）在企业所属产业分布中，属于第三产业的企业占比 44%，占比最高；其次是属于第二产业和其他行业的企业，分别占比 26.67% 与 23.67%；占比最低的为第一产业的企业，仅为 5.67%。（2）在企业职工人数上，绝大部分企业职工人数为 50 人以下，共有 410 家；人数为 300 人以上的企业仅有 38 家。企业职工中有属于残疾人士、退役士兵、建档立卡贫困人口的人员、持有《再就业优惠证》《就业创业证》《就业失业登记证》的人员只有 5 人以下的企业有 91%，而有 20 人以上的企业占比仅有 3.67%；其中，认为本企业内上述特殊人员在工作中的表现更为努力的企业占 68.33%，认为上述特殊人员在工作中的表现较为消极的企业只有 1%。（3）在企业的总体税收负担水平评价方面，有 58% 的企业认为目前税负水平适中，认为税负水平较重的企业有 32.67%，认为税负水平较轻的企业有 9.33%。也就是说，近 1/3 的企业纳税人对本企业的总体税负不满意。

经过对问卷的统计后得出样本个体工商户基本特征如下：（1）在个体工商户中，毕业年度内高校毕业生占比最高，为 36.21%；其次为建档立卡贫困人口、持《就业创业证》《就业失业登记证》《再就业优惠证》人员，占比 22.41%；退役士兵占比 10.34%；残疾人士、军队转业干部和随军家属分别占 5.17%、3.45% 和 1.72%。（2）对于个体工商户而言，其年龄所属范围为 30~40 岁和 40~50 岁的比例分别为 36.21% 和 34.48%，50 岁以上的仅占 6.9%。（3）在个体工商户的总体税收负担水平评价方面，有 53.45% 的个体工商户认为目前税负水平适中，认为税负水平较重的个体工商户有 20.69%，认为税负水平较轻的个体工商户有 25.86%。

6.2.2　政策宣传情况

想要调查促进就业税收政策的执行情况，首先就要了解企业和个体工商户是否知晓相关政策。企业调查数据显示，在被调查的 600 家企业中，对就业税收政策比较不了解的有34家，非常不了解的有16家，合计占比8.34%；对就业税收政策比较了解的有236家，非常了解的有116家，合计占比58.66%；对就业税收政策一般了解的有198家，占比33%。从比例上可以看出，大多数的企业对促进就业税收政策具有一定了解，但也还存在少数企业对促进就业税收政策非常不了解。

个体工商户调查数据显示，在被调查的116家个体工商户中，对促进就业税收政策比较不了解的有14家，非常不了解的有2家，合计占比13.79%；对就业税收政策比较了解的有36家，非常了解的有18家，合计占比46.55%；对就业税收政策一般了解的有46家，占比39.66%。可以发现，个体工商户对促进就业税收政策的重视程度不低，但也存在一部分个体工商户对相关信息获取不够及时，对就业税收政策不够了解。

通过进一步的问题设定，我们发现，企业和个体工商户了解促进就业税收政策的渠道都主要是互联网和税务机关宣传辅导，这表明在互联网发展迅速的时代，税务机关通过网络渠道传达各种信息已发展成熟，并且，企业和个体工商户对互联网的使用也越来越普遍，税务机关的宣传辅导在政策普及方面也发挥了重要的作用。数据显示，54.67%的企业通过税务机关宣传辅导了解相关就业税收政策，21%的企业通过互联网了解相关就业税收政策，12%的企业通过税务机关网站了解相关就业税收政策，此外，其他的渠道还有广播电视、同行或朋友交流等。个体工商户与企业数据相比，个体工商户从不同渠道了解相关促进就业税收政策的情况与企业数据相似，但分布更为均衡。税务机关的宣传辅导是大多数纳税人了解相关促进就业税收政策选择的渠道（见表6-1和表6-2）。

表6-1　　企业了解促进就业税收政策的渠道（多选）

渠道	问卷数（份）	占比情况
A. 广播电视	16	2.67%
B. 互联网	126	21%
C. 税务机关宣传辅导	328	54.67%
D. 同行或朋友	38	6.33%
E. 税务机关网站	72	12%
F. 其他	20	3.33%

表 6－2　　个体工商户了解促进就业税收政策的渠道（多选）

渠道	问卷数（份）	占比
A. 广播电视	28	24.14%
B. 互联网	52	44.83%
C. 税务机关宣传辅导	78	67.24%
D. 同行或朋友	32	27.59%
E. 税务机关网站	32	27.59%
F. 其他	16	13.79%

通过进一步的问题设计，让企业和个体工商户评价税务机关对有关促进就业税收政策的宣传和落实是否到位，得到的答复几乎都是肯定的，有 714 份回答表示对税务机关的工作十分满意，只有 2 份问卷认为税务机关宣传不到位。企业和个体工商户对促进就业税收政策大多知晓，了解的渠道多种多样，就税务机关对政策的宣传和落实情况比较满意。这说明税务机关对有关促进就业税收政策的宣传和落实工作认真负责，但还存在部分缺漏，需要进一步加强相关就业税收政策的宣传和落实。

6.2.3　政策受惠情况

在填写的 716 份问卷中，有 678 份问卷认为制定促进就业税收政策是有必要的，这说明大多数企业与个体工商户对促进就业税收优惠政策是有需求的，并且对他们来说这类政策很重要。尽管如此，还是有很多企业和个体工商户没有享受到相关优惠政策（见表 6－3 和表 6－4）。

表 6－3　　企业是否享受了促进就业的税收政策

选项	问卷数（份）	占比情况
A. 是	376	62.67%
B. 否	224	37.33%

表 6－4　　个体工商户是否享受了促进就业的税收政策

选项	问卷数（份）	占比情况
A. 是	84	72.41%
B. 否	32	27.59%

通过对享受了促进就业税收优惠政策的376家企业和84位个体工商户进一步的问询，了解了他们享受促进就业税收政策的具体类型（见表6－5和表6－6）。

表6－5　企业享受的促进就业税收政策具体类型（多选）

具体类型	问卷数（份）	占比情况
A. 对安置残疾人的单位和个体工商户，实行由税务机关按纳税人安置残疾人的人数，限额即征即退增值税的办法	254	42.33%
B. 企业安置残疾人员的，在按照支付给残疾职工工资据实扣除的基础上，按照支付给残疾职工工资的100%加计扣除	258	43%
C. 安置残疾人就业的单位可减征或免征城镇土地使用税	142	23.67%
D. 当年新招用持《再就业优惠证》人员，与其签订1年以上期限劳动合同并依法缴纳社会保险费的，按实际招用人数享受予以定额依次扣减增值税、城市维护建设税、教育费附加和企业所得税优惠，定额标准为每人每年4000元，可上下浮动20%	134	22.33%
E. 企业招用自主就业退役士兵，与其签订1年以上期限劳动合同并依法缴纳社会保险费的，自签订劳动合同并缴纳社会保险当月起，在3年内按实际招用人数予以定额依次扣减增值税、城市维护建设税、教育费附加、地方教育附加和企业所得税优惠，定额标准为每人每年6000元，最高可上浮50%	124	20.67%
F. 企业招用建档立卡贫困人口，以及在人力资源社会保障部门公共就业服务机构登记失业半年以上且持《就业创业证》或《就业失业登记证》的人员，与其签订1年以上期限劳动合同并依法缴纳社会保险费的，自签订劳动合同并缴纳社会保险费当月起，在3年内按实际招用人数予以定额依次扣减增值税、城市维护建设税、教育费附加、地方教育附加和企业所得税优惠，定额标准为每人每年6000元，最高可上浮30%	136	22.67%
G. 为安置自主择业的军队转业干部就业而新开办的企业，凡安置自主择业的军队转业干部占企业总人数60%（含）以上的，自领取税务登记证之日起，其提供的应税服务3年内免征增值税和企业所得税	78	13%

续表

具体类型	问卷数（份）	占比情况
H. 对为安置随军家属就业而新开办的，随军家属占企业总人数 60%（含）以上的企业，自领取税务登记证之日起，3 年内免征增值税和企业所得税	76	12.67%

表 6－6　个体工商户享受的促进就业税收政策具体类型（多选）

具体类型	问卷数（份）	占比情况
A. 残疾人个人提供的加工、修理修配劳务，免征增值税	10	8.62%
B. 对残疾人个人取得的劳动所得，按照省人民政府规定的减征幅度和期限减征个人所得税	2	1.72%
C. 对持《再就业优惠证》人员从事个体经营的，3 年内按每户每年 8000 元为限额依次扣减其当年实际应缴纳的增值税、城市维护建设税、教育费附加和个人所得税	34	29.31%
D. 对从事个体经营的随军家属，自领取税务登记证之日起，3 年内免征增值税和个人所得税	4	3.45%
E. 从事个体经营的军队转业干部，经主管税务机关批准，自领取税务登记证之日起，3 年内免征增值税和个人所得税	4	3.45%
F. 自主就业退役士兵从事个体经营的，自办理个体工商户登记当月起，在 3 年内按每户每年 12000 元为限额依次扣减其当年实际应缴纳的增值税、城市维护建设税、教育费附加、地方教育附加和个人所得税，限额标准最高可上浮 20%	14	12.07%
G. 建档立卡贫困人口、持《就业创业证》或《就业失业登记证》的人员，从事个体经营的，自办理个体工商户登记当月起，在 3 年内按每户每年 12000 元为限额依次扣减其当年实际应缴纳的增值税、城市维护建设税、教育费附加、地方教育附加和个人所得税，限额标准最高可上浮 20%	22	18.97%
H. 毕业年度内高校毕业生从事个体经营的，自办理个体工商户登记当月起，在 3 年内按每户每年 12000 元为限额依次扣减其当年实际应缴纳的增值税、城市维护建设税、教育费附加、地方教育附加和个人所得税，限额标准最高可上浮 20%	26	22.41%

通过对促进就业税收政策的具体类型整理归纳不难看出，在企业中，相关就业税收政策基本上是针对招纳了残疾人、退役士兵、建档立卡贫困人口及持《再就业优惠证》《就业创业证》《就业失业登记证》人员的企业以及为安置自主择业的军队转业干部就业而新开办的企业和为安置随军家属就业而新开办的企业制定的。在个体工商户中，本身是残疾人、退役士兵、毕业年度内高校毕业生、从事个体经营的随军家属、从事个体经营的军队转业干部、建档立卡贫困人口及持《再就业优惠证》《就业创业证》《就业失业登记证》人员从事个体经营的，就能够享受相应的税收优惠政策。调查数据显示，招纳残疾人员的企业数量尤为突出，可以看出多数企业对残疾人员接纳度较高。对企业而言，招纳残疾人员不仅能帮助残疾人员就业，也可以享受到国家的税收优惠政策。其次是招纳自主就业的退役士兵、建档立卡贫困人口及持《再就业优惠证》《就业创业证》《就业失业登记证》人员的企业数量，大约有130多家，这也给有关企业缓解了不小的税负压力。在个体工商户当中，持《再就业优惠证》人员从事个体经营的有34人，占比最高，为29.31%；占比最低的是从事个体经营的随军家属，仅为3.45%。通过调查我们不难发现，我国残疾人员和持《再就业优惠证》人员不在少数，同时，大部分企业表现出愿意招收更多的相关特殊人员，这也印证了促进就业税收政策的可行性和必要性。政府可以适当地提高优惠力度，优化政策体系，让更多的特殊人员实现就业，让更多企业或个体工商户享受相关优惠政策。

通过对未享受促进就业税收政策的主体进一步调查分析，究其原因，主要包括不知道有该项税收政策、限定条件较为严格、优惠力度较小等（见表6－7和表6－8）。

表6－7　企业未享受促进就业税收政策的原因（多选）

原因	问卷数（份）	占比情况
A. 限定条件较为严格	160	26.67%
B. 不知道有该项税收政策	188	31.33%
C. 享受政策程序烦琐	90	15%
D. 优惠力度较小，没有申请	98	16.33%
E. 其他	246	41%

表 6 – 8　　个体工商户未享受促进就业税收政策的原因（多选）

原因	问卷数（份）	占比情况
A. 限定条件较为严格	20	17.24%
B. 不知道有该项税收优惠政策	28	24.14%
C. 享受程序烦琐	2	1.72%
D. 优惠力度较小，没有申请	14	12.07%
E. 其他	52	44.83%

从表 6 – 7 和表 6 – 8 中可以看出，首先，在未享受相关政策的各类原因中，不知道有相关促进就业税收政策的企业和个体工商户占的比例最高，一方面，表明在企业和个体工商户中缺少税收方面的人才，对我国的税收政策了解程度较低；另一方面，表明税务机关在税收政策的宣传和辅导方面有待加强。其次，问卷数据反映出促进就业税收政策的限定条件较为严格是企业和个体工商户未能享受相关政策的重要原因，表明目前对享受促进就业税收政策的要求较高，很多企业和个体工商户由于不符合相关政策的条件而被排除在外，促进就业税收政策的门槛应适当调低。最后，相关促进就业税收政策优惠力度较小也是部分企业和个体工商户未申请享受相关政策的主要原因之一，如果增加税收优惠抵扣额度或是增加优惠政策享受年限，能够更大程度地满足部分企业和个体工商户的需求，从而拓宽相关政策的受惠广度。在未享受促进就业税收政策的企业中，有 15% 的企业认为相关政策的享受程序烦琐，为了享受优惠政策可能会花去它们过多的时间成本和人力资源，得不偿失，因此税务机关简化程序步骤、提高办事效率迫在眉睫。

6.2.4　政策评价情况

我国通过对残疾人、退役士兵、建档立卡贫困人口及持《再就业优惠证》《就业创业证》或《就业失业登记证》人员等特殊人群制定相关促进就业的税收政策，切实提高了特殊人群的就业机会，有效地减轻了企业和个体工商户的税收负担，获得了企业和个体工商户的认可。数据显示，企业中认为促进就业税收政策可以有效减轻企业的税收负担的有 512 家，占比高达 85.33%；个体工商户中认为促进就业税收政策可以有效减轻税收负担的有 88 家，占比为

78.86%。在企业对促进就业税收政策的满意度调查上，多数企业持满意态度，但也存在少数企业对相关政策不太满意，个体工商户的调查结果同样如此（见表6－9和表6－10）。

表6－9　企业对促进就业税收政策的满意度

满意度	问卷数（份）	占比情况
A. 非常满意	308	51.33%
B. 比较满意	196	32.67%
C. 一般	90	15%
D. 比较不满意	4	0.67%
E. 非常不满意	2	0.33%

表6－10　个体工商户对促进就业税收政策的满意度

满意	问卷数（份）	占比情况
A. 非常满意	50	43.11%
B. 比较满意	30	25.86%
C. 感觉适中	30	25.86%
D. 比较不满意	6	5.17%
E. 非常不满意	0	0%

从调查结果可以看出，504家企业对促进就业税收政策持满意态度，90家企业持中立态度，有6家企业对相关政策并不满意。80家个体工商户对促进就业税收政策持满意态度，30家个体工商户感觉适中，6家个体工商户对相关政策不太满意。

6.2.5　问题及建议调查情况

数据说明，我国促进就业税收政策的发展已经相对成熟，能够满足多数企业和个体工商户的需求。但政策仍存在部分缺陷，尚需进一步完善，以满足更多纳税人的需求。因此，我们就促进就业税收政策存在的问题及改进建议对企业和个体工商户进行了进一步调查（见表6－11和表6－12）。

表 6-11　促进就业税收政策存在的问题（企业和个体工商户统计汇总）

问题	问卷数（份）	占比情况
A. 优惠期限较短	216	32.67%
B. 优惠力度较小	224	34%
C. 享受政策的门槛较高	165	25%
D. 其他	189	28.67%

表 6-12　完善促进就业税收政策的建议（企业和个体工商户统计汇总）

建议	问卷数（份）	占比情况
A. 增长税收优惠政策期	174	50%
B. 提高税收减免额度	216	62.07%
C. 丰富税收优惠形式	144	41.38%
D. 其他	24	6.9%

根据表 6-11 的数据可以看出，对促进就业税收政策存在的问题，有 32.67% 的样本主体认为税收优惠期限较短；34% 的样本主体认为政策的优惠力度较小；25% 的样本主体认为享受政策的门槛较高；还有部分样本主体认为相关政策不应该对企业类型设置限制。在完善促进就业税收政策的建议中可以看出，50% 的样本主体建议增长税收优惠政策期，延长受惠年限；62.07% 的样本主体建议提高税收减免额度；41.38% 的样本主体建议丰富税收优惠形式，增加除了税额减免的其他优惠方式。

6.3　模型检验及分析

6.3.1　回归检验及分析（个体工商户问卷部分）

本节就“促进就业税收政策执行情况调查问卷”收集到的个体工商户主体数据进行多元线性检验，分析政策了解情况、政策宣传和落实到位情况、政策制定必要性与政策效果的关系。选取的测量研究变量的方法是李克特式五点量表法，虽然量表超过五点时，可以更细致地划分受调查者的喜好程度，但五点量表正好划分温和到强烈的不同态度，不会使得被调查者难以界定自我感受所处区间。数据及指标说明见表 6-13。根据表中数据及指标说明进行回归分析，结果见表6-14和表6-15。

表6-13　　数据及指标说明

变量选取	指标	问题表述	题号
X1	就业政策了解情况	您是否了解促进就业税收政策	Q27
X2	就业政策宣传和落实到位情况	您认为税务机关对有关促进就业税收政策的宣传和落实是否到位	Q29
X3	就业政策制定必要性	您认为为了促进就业制定税收优惠政策是否有必要	Q30
Y1	企业税负减轻程度	您认为这些促进就业的税收政策是否可以有效地减轻企业的税收负担	Q34
Y2	税收政策满意度	您对促进就业的税收政策是否满意	Q35
Y＝（Y1＋Y2）/2	就业税收政策效果		

表6-14　　模型一检验结果

模型摘要

模型	R	R^2	调整后 R^2	标准偏斜度错误	变更统计资料					Durbin-Watson
					R^2 变更	F值变更	df1	df2	显著性F值变更	
1	0.742	0.550	0.538	0.5940	0.550	45.690	3	112	0.000	1.978

表6-15　　模型一分析说明

系数a

模型1	非标准化系数		标准化系数	t	显著性	共线性统计资料	
	B	标准错误	Beta			允差	VIF
1（常数）	0.194	0.496		0.392	0.695		
X1	0.149	0.077	0.163	1.929	0.056	0.562	1.780
X2	0.676	0.091	0.608	7.403	0.000	0.596	1.679
X3	0.112	0.095	0.078	1.175	0.242	0.920	1.086

根据第一次回归分析数据显示，调整后的 R^2 的值为0.538，X1标准化系数是0.163，t值为1.929，p值为0.056，可以通过t检验，表明就业政策了解情况与政策效果线性相关；X2标准化系数是0.608，t值为7.403，p值为0.000，表明就业政策宣传和落实到位情况与政策效果显著相关；X3标准化系数是0.078，t值为1.175，p值是0.242，X3标准化系数最小，表明其影响程

度较轻，且其不能通过 t 检验，显著性不高，即就业政策制定必要性对政策效果影响并不显著，应将其剔除于模型之外。另外，多重共线性检验数据显示，方差膨胀因子的值都不高（VIF 小于 10），说明它们不存在严重的共线性关系。因此，下面重新对就业政策了解情况、就业政策宣传和落实到位情况与政策效果进行回归分析，结果见表 6－16 和表 6－17。

表 6－16　　模型二检验结果

模型摘要

模型	R	R^2	调整后 R^2	标准偏斜度错误	变更统计资料					Durbin-Wastson
					R^2 变更	F 值变更	df1	df2	显著性 F 值变更	
2	0.738	0.544	0.536	0.5950	0.544	67.495	2	113	0.000	2.013

表 6－17　　模型二分析说明

系数 a

模型 2	非标准化系数		标准化系数	t	显著性	共线性统计资料	
	B	标准错误	Beta			允差	VIF
1（常数）	0.656	0.303		2.169	0.032		
X1	0.171	0.075	0.187	2.276	0.025	0.596	1.677
X2	0.672	0.091	0.605	7.353	0.000	0.596	1.677

根据第二次回归分析数据显示，调整后的 R^2 的值为 0.536，说明拟合优度不错。X1 标准化系数是 0.187，t 值为 2.276，p 值为 0.025，通过 t 检验，表明就业政策了解情况与政策效果显著相关；X2 标准化系数是 0.605，t 值为 7.353，p 值为 0.000，通过 t 检验，表明就业政策宣传和落实到位情况与就业税收政策效果显著相关。而多重共线性检验结果显示，方差膨胀因子的值都小于 10，说明模型不存在非常严重的共线性。模型的自相关性检验显示 DW 的值为 2.013，取值在（dU，4－dU）范围内，说明随机误差项不存在自相关性，模型分析结果可靠。

6.3.2　结构方程模型检验及分析（企业问卷部分）

6.3.2.1　研究假设

通过梳理促进就业税收政策的相关文献资料，并根据相关就业税收政策执行情况的调查分析，我们认为，促进就业税收政策除了通过政策执行程度、政策评价直接影响企业评价特殊人群和企业税负感知，相互还会产生间接影响并传导至企业评价特殊人群和企业税负感知。在此基础上，建立如图 6－1 所示的中介效应模型。

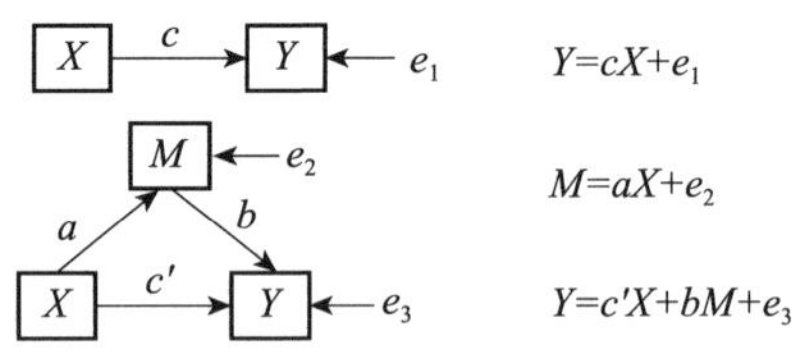

图 6－1　中介效应模型

在模型中，X 为自变量，也就是本书研究的政策执行程度、政策评价；Y 为因变量，也就是企业评价特殊人群和企业税负感知，而 M 为中介变量，在本书研究中为政策评价、政策执行程度。c 是 X 对 Y 的总效用，ab 是经过中介变量的中介效应，c'是直接效应。在该模型中，总效应 = 中介效应 + 直接效应（$c = ab + c'$）。本模型假设如下。

假设一（h1）：政策执行程度（政策评价）对企业评价特殊人群和企业税负感知有显著影响。

假设二（h2）：政策执行程度（政策评价）通过政策评价（政策执行程度）对企业评价特殊人群和企业税负感知有显著影响。

6.3.2.2　数据处理

通过李克特五分量表法对政策执行程度、企业评价特殊人群、政策评价以及企业税负感知的数据进行收集。其中，就业政策执行程度包括了解程度、宣传和落实程度，相关指标由 Q11、Q13 组成；企业评价特殊人群包括工作表现差异程度、招收特殊人员意愿度，相关指标由 Q9、Q19 组成；政策评价包括政策制定必要性和政策满意度，相关指标由 Q14、Q20 组成；税负感知程度包括整体税负水平和税负减轻程度，相关指标由 Q10、Q18 组成。具体见表 6－18。

表 6－18　　调查问卷题目设计与研究假设路径模型的逻辑关联体系

潜变量	观测变量	对应问卷问题
政策执行程度 F1	了解程度 A1	11. 您是否了解促进就业税收政策
	宣传和落实程度 A2	13. 您认为税务机关对有关促进就业税收政策的宣传和落实是否到位
企业评价特殊人群 F2	工作表现差异程度 B1	9. 您认为以上特殊人员在工作中的表现与普通员工有什么不同
	招收特殊人员意愿度 B2	19. 通过享受促进就业的税收政策，企业是否更愿意招收更多的相关特殊人员
政策评价 F3	政策制定必要性 C1	14. 您认为为了促进就业制定税收优惠政策是否有必要
	政策满意度 C2	20. 您对促进就业的税收政策是否满意
税负感知程度 F4	整体税负水平 D1	10. 您认为近两年企业的总体税收负担水平如何
	税负减轻程度 D2	18. 您认为这些促进就业的税收政策是否可以有效地减轻企业的税收负担

6.3.2.3　模型分析

模型选用的是 AMOS 结构方程模型对中介效应进行分析，路径影响如图 6－2所示。图 6－2 中，A1～D2 为八组观测变量，e1～e12 表示相应误差。随后，在 AMOS 软件中对有关参数进行设置，将 bootstrap sample 设为 5000，置信水平设为 95%，并用极大似然估计方法进行估计，输出标准化估计值以及间接效应值、直接效应值和总效应值（见表 6－19）。经检验，基本各项参数的 p 值都小于 0.05，说明回归系数可信度较高，假设通过。

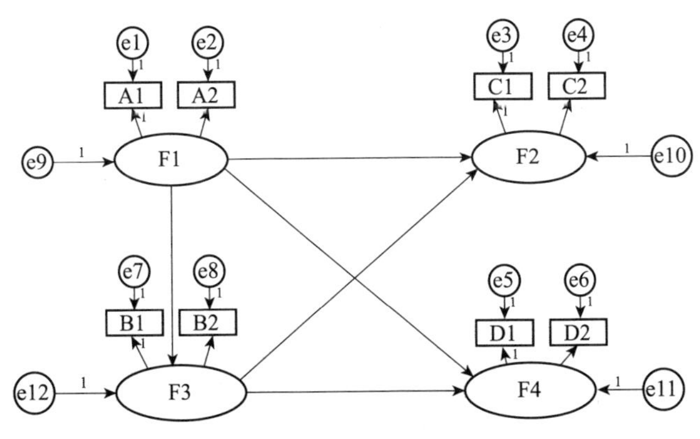

图 6－2　结构方程模型路径

表 6－19 **结构方程模型系数**

路径影响关系	估计值	S. E.	C. R.	p	模型
F3←F1	0. 433	0. 076	5. 678	***	
F2←F1	0. 374	0. 069	5. 430	***	
F4←F1	0. 372	0. 101	3. 705	***	
F2←F3	0. 331	0. 103	3. 212	0. 001	
F4←F3	0. 643	0. 179	3. 593	***	
A1←F1	1. 000				
A2←F1	1. 190	0. 099	12. 023	***	
C1←F2	1. 000				
C2←F2	1. 517	0. 215	10. 333	***	
D3←F4	1. 000				
D2←F4	1. 467	0. 139	10. 528	***	
B1←F3	1. 000				
B2←F3	1. 421	0. 213	6. 670	***	
e9	0. 228	0. 033	6. 829	***	
e12	0. 064	0. 020	3. 138	0. 002	
e10	0. 003	0. 006	0. 452	0. 651	
e11	0. 049	0. 013	3. 765	***	
e1	0. 462	0. 031	14. 993	***	
e2	0. 183	0. 023	7. 779	***	
e3	0. 247	0. 015	16. 059	***	
e4	0. 258	0. 032	8. 072	***	
e5	0. 446	0. 029	15. 461	***	
e6	0. 144	0. 029	4. 959	***	
e7	0. 659	0. 042	15. 830	***	
e8	0. 351	0. 036	9. 729	***	

6. 3. 2. 4 模型拟合度检验

（1）绝对拟合度指标。本模型选用了 SRMR（标准化残差均方根）和 RMSEA（近似误差均方根）作为绝对拟合度指标来对模型进行检验。SRMR 是标准化残差平方和的平方根，SRMR 越小，说明拟合度越好，如果 SRMR <

0.05，则认为模型拟合较好。RMSEA 是渐近残差平方和的平方根，如果 RMESA <0.1，说明模型适配合理。从表 6－20 可知，模型的 SRMR 为 0.0433 < 0.05，RMESA 为 0.082 <0.1，说明假设模型的契合度较好。

表 6－20　　　　标准化残差均方根和近似误差均方根

近似误差均方根				
模型	RMSEA	LO90	HI90	PCLOSE
预设模型	0.082	0.064	0.101	0.002
独立模型	0.264	0.251	0.277	0.000
预设模型				
Standardized RMR = 0.0433				

（2）增值拟合度指标。增值拟合度指标通常是将待检验的假设理论模型与独立模型进行比较，以判别模型的拟合度。增值拟合度指标包括 NFI、RFI、IFI、TLI 和 CFI，这些指标通常介于 0～1 之间，越接近 1 表示模型拟合度越好，指标值大于 0.9，说明假设模型的拟合度好。CFI 是比较拟合指数，是用来检验结构方程中建立的假设模型与获取数据之间拟合程度的指标，是表明拟合优度的一种指数标准。一般认为，其数值越大，越说明假设模型是一个好模型。本书模型 NFI、IFI、TLI 和 CFI 值均大于 0.9，RFI 指标在 0.8～0.9 之间，说明本模型契合度较为合理（见表 6－21）。

表 6－21　　　　增值拟合度指标值

基准比较					
模型	NFI	RFI	IFI	TLI	CFI
	Deltal	rho1	Delta2	rho2	
预设模型	0.937	0.882	0.949	0.904	0.948
饱和模型	1.000		1.000		1.000
独立模型	0.000	0.000	0.000	0.000	0.000

（3）简约适配指数分析。AIC 指标分析是将参数个数纳入评估模型匹配程度的检测中，通过对两个具有不同潜在变量数量模型进行精简程度比较分析得出结论。CAIC 指标分析是基于 AIC 指标分析的调整优化，将待测样本大小的影响也纳入估算公式中进行检测。在对假设模型是否可以接受的判断过程中，

通常情况下，假设模型的CAIC指标必须比饱和RM模型以及独立模型的对应指标小。BIC指标越小，表示模型适配度越佳且越精简。本书建立的假设模型BIC指标与CAIC指标均小于饱和模型及独立模型，表示假设模型的契合度相比之下更高，且模型更简约（见表6－22）。

表6－22　简约适配指数分析

赤池信息量准则				
模型	AIC	BCC	BIC	CAIC
预设模型	117.218	117.859	209.553	230.553
饱和模型	72.000	73.098	230.289	266.289
独立模型	1210.526	1210.770	1245.701	1253.701

综合上述所有指标，模型适配度结果多数都达到了模型适配标准，表示模型拟合良好、设计合理，实证分析结果可信，为进一步提出建议奠定了基础。

6.4　小结

通过调查发现，当前我国促进就业的税收政策受惠人群主要为残疾人士、退役士兵、毕业大学生等各类人员。通过回归检验分析可以得出，在个体工商户群体中，就业政策了解情况、就业政策宣传和落实到位情况与政策效果显著相关，而政策制定必要性与政策效果关联性不大，其中，就业政策宣传和落实到位情况对政策效果影响最为明显。通过结构方程模型检验分析可以得出，在企业群体中，政策执行程度、政策评价对企业评价特殊人群、企业税负感知不仅有直接作用，相互还能通过间接影响并传导至企业评价特殊人群和企业税负感知，影响效果显著，即政策执行程度、政策评价等都能有效地影响企业对特殊人群的选择和企业的税负感知。

促进就业税收政策能够为企业和个体工商户减轻税收负担，从收入效应分析，促进就业税收政策实际上能为企业和个体工商户节约成本、增长收入，因此，绝大多数企业和个体工商户都会愿意享受促进就业的税收政策。但由于有些企业和个体工商户对相关政策不够了解、相关政策限定条件较为严格、相关政策宣传和落实不够到位等原因，使得相关政策为企业和个体工商户带来的实际帮助和激励作用有限。

第 7 章

国外促进就业税收政策及经验借鉴

近年来，许多国家把充分就业、物价稳定、经济增长、国际收支平衡作为财政政策目标，其中，就业与国家经济的发展和社会的稳定直接相关。在失业率居高不下的局面下，为达到促进就业、提高就业率的目的，各国政府都在千方百计地对就业问题进行治理，其中一个重要的手段就是利用税收政策。本章通过对国外促进就业税收政策进行梳理，总结可借鉴的经验，进而为我国完善促进就业税收政策提供一定的参考。

7.1 国外促进就业税收政策

7.1.1 鼓励企业吸收人员就业的税收政策

企业的岗位一般是固定的，企业每年的流动人口数量也几乎是一定的，要确保最少的人失业，就应保证每一个岗位都有相应的工作人员，并鼓励企业创造更多的岗位、吸收更多的劳动力。多国政府为了促进就业、减少失业率，对于企业吸收人员就业的行为给予了相应的税收优惠。

加拿大在 2006 年引入了创造就业的税收抵免政策，鼓励企业雇用新的员工。政策规定，企业雇用新的员工，可享受相当于员工工资 10% 的税收抵免优惠，最高可达每位员工每年 2000 加元的抵免额。

日本规定自 2018 年 4 月 1 日起，对企业增加雇员的合理抵扣额从 40000 日元增加到 60000 日元，但企业享受每名员工 60000 日元抵扣额的限制条件是新增员工人数不能超过10人。①

韩国《2018年税改法案》规定，对小型企业招聘新员工的社会保障税减免优惠延长3年，小型企业和中型企业将临时工转正所享受的社会保障税减免优惠也延长3年。此外，韩国针对企业提供新的就业机会，引入了促进就业的税收优惠政策——“创造工作的税收抵免”（tax credit for job creation，STTCL）。该政策规定，如果公司从事的业务属于消费导向型服务（如娱乐业和饮料服务业），则可以享受抵免优惠，且税收抵免额度会因公司的规模大小而各不相同：小型企业每雇用一名新员工，最高可享受1200万韩元的税收抵免额，中型企业最高为800万韩元，大型企业最高为400万韩元，未使用的税收抵免额可以结转到下一个5年，目前该税收抵免政策有效期至2021年。②

法国政府为降低企业雇用工人的成本，实行了“企业竞争力与就业可抵扣税额减税（CICE）”政策。该政策规定，自2018年1月1日起，当职工薪酬不超过最低工资的2.5倍时，企业可将工资总额的7%在应纳税额中扣除。

美国联邦政府为雇用新员工的雇主提供税收优惠，对雇用失业半年以上劳动者的企业减免各项税收4000美元。

英国施行就业分割制度，对将原本属于一个劳动者的工作分割为几个劳动者的工作的企业，给予奖励性税收补贴。

匈牙利政府为鼓励企业吸收更多的人员就业，制定了多项税收优惠政策。首先，政府规定，对雇员人数少于5人且年底没有欠税的小企业，可以按照当年新增雇员人数乘以最低有效工资的12倍进行税前扣除。其次，政府还规定，企业如能创造一定数量的就业机会，均可申请税收抵免，而不受投资领域和投资金额的限制。

斯洛伐克政府制定的于2018年4月1日生效的《区域投资援助法》规定，企业的投资享受税收优惠需满足下列所有条件：对于技术中心企业，最低注册资本20万欧元，且提供20个新就业岗位；对于共享服务中心企业，提供50个新工作岗位，无最低资本支出要求；对于工业企业，最低注册资本10万欧元到600万欧元，具体数额取决于企业所在地失业率及企业的规模。

---

① 世界税制现状和趋势课题组．世界税制现状与趋势［M］．北京：中国税务出版社，2018.

② 林恋青．企业所得税减免的就业激励效应实证研究［D］．上海：上海海关学院，2020.

国外一些联盟对成员国制定了一些税收优惠政策以促进其就业。以欧洲共同体（EC）为匈牙利单独制定的相关税收优惠政策为例，首先，在匈牙利进行产品多样化或创造新程序的初始投资的大企业可以获得发展性税收抵免：即在匈牙利中心城市投资现值至少 60 亿匈牙利福林的资产，或投资现值至少 30 亿匈牙利福林建造工作场所，在这种情况下享受税收抵免的另一个条件是，首次适用税收抵免的纳税年度之后的 4 个年度内，平均雇员人数至少比所选基期记录的平均雇员人数多 50 人；或纳税人支付给雇员的年工资必须在所选基期第一天生效的最低工资标准 3 倍以上。其次，公司若能够满足以下所有条件，则可在多达 12 个纳税年度内享受税收抵免：（1）在匈牙利投资至少 30 亿匈牙利福林，或在欠发达地区投资至少 10 亿匈牙利福林；（2）满足以下任意一个条件：①创造至少平均 50 个新工作岗位（在欠发达地区为 25 个）；②与投资开始前一年度相比，支付的年平均工资的增长至少达到最低工资（2019 年的最低月工资约为 149000 匈牙利福林）的 300 倍（在欠发达地区为 150 倍）；③投资内容包括以下任一项：a. 购置新资产；b. 扩大现有资产规模；c. 使得最终产品或生产方式取得重大改良的投资。税收抵免的适用还受欧盟委员会授权的政府决议的约束。

7.1.2　鼓励企业安置特定群体就业的税收政策

为充分利用社会资源、维持社会稳定、促进经济发展，各国政府在鼓励企业安置一般人员就业的同时，也制定了许多税收政策来促进企业安置残疾人、青年失业者、大学生等特定群体就业。

残疾人是一个特殊困难的群体，为努力帮助每一位有劳动能力和就业意愿的残疾人参加生产劳动，鼓励企业雇用残疾人员，许多国家制定了相关的税收政策。西班牙政府规定，根据雇用残疾员工的伤残程度来确定税收抵免额，企业每雇用 1 名残疾员工，可享受 6000 欧元的固定扣除，而对于雇用残疾程度高于 65% 的残疾人的企业，这一抵免额可提高到 12000 欧元。立陶宛政府规定，对于雇用残疾员工的企业可享受工资总额的 25% ~100%（根据雇用的残疾员工占总员工的比例确定）的税收抵免优惠。需要注意的是，该抵免政策仅针对生产总值占企业收入 50% 以上的企业。捷克政府规定，对每一名残疾员工规定固定的税收抵免额，对于雇用残疾员工的企业，可按每名残疾员工的抵免额减免其年度应纳税额，抵免额为18000捷克克朗或60000捷克克朗。但需注意的是，该抵免额只能适用于按一般税率计算应纳税额的企业。2011年，泰国对残障劳工就业政策进行调整，从以前规定每家企业如果拥有200名劳工，就必须雇用1名残障劳工，改为企业如果拥有100名劳工，就必须雇用1名残障劳工。同时，企业可依据照顾残障劳工的数量，享受2倍扣减税额的优惠。

一些国家对新招大学生、就业困难青年人的企业，实行不同层次的税费减免鼓励措施。法国政府对于在政府部门工作的需要缴纳个税的大学毕业生给予部分税收免交的优惠，对于后续创业的大学生创办的企业按其项目实际招聘就业人员的数量给予税收优惠。①

美国各州政府为了支持大学生创业，皆成立了创业工作基地，将各地拥有创业想法的大学生集结到一起，集中提供创业资金和创业物资，形成较为完善的大型创业园区，各州政府对于创业工作基地提出的创业项目都有税收减免优惠政策。

英国政府为帮助弱势群体就业，对吸收长期失业人员就业以及帮助年龄超过50岁的人员就业的企业免税。

韩国为激励企业吸纳女职员就业，实行了“中小企业再吸收女性雇员就业的税收抵免”政策，此项抵免专门针对中小企业再次雇用因怀孕、分娩或照料以及其他个人原因离职的女雇员而给予企业所得税减免优惠。该政策允许小型企业从其应缴纳的企业所得税中减去每名再雇用女性雇员薪水的30%（中型企业为15%），当前未能使用的抵免额可结转至下一个5年。

为促进企业吸纳就业困难人群就业，美国联邦所得税自1996年至今一直在执行“工作机会税收抵免”政策。该抵免政策规定，雇主可以从雇用一直面临严重就业障碍个人的行为中获得企业所得税税额的抵免优惠。目前，该政策包含的特定人群主要有以下10类：（1）根据《社会保障法》第A部所批准的国家计划而获得援助的家庭成员，该计划涉及对有需要家庭的临时援助，且

① 周施瑜．我国促进大学生就业的财政政策研究［D］．沈阳：辽宁大学，2019.

该人员必须在截至雇用日期的 18 个月内的任何 9 个月内获得帮助；（2）符合规定的退伍军人，该人员在就业的前 15 个月中仍旧在接受《补充营养援助计划》且在截至雇用日期的 1 年内，失业时间总计至少 4 周（无论是否连续），但不超过 6 个月；（3）被判处重罪刑满释放的犯罪人员；（4）在指定社区生活的年满 18 周岁不足 40 周岁的人员，且雇用后仍旧在该授权地区或企业的社区生活；（5）在接受康复服务或完成康复服务时因身体或精神残疾而被转介给雇主的残疾者；（6）居住在授权区或特定企业区的年满 16 周岁不足 18 周岁的暑期青少年雇员；（7）《补充营养援助计划》福利的被援助者；（8）被雇用之日起 60 天内仍旧在享受《补充性保障收入计划》的被雇用者；（9）长期接受国家援助的受助者；（10）长期失业受助人，即在雇用时连续失业不少于 27 周并在失业期间部分或全部获得失业补偿的人。雇用以上 10 类人群企业可享受以下的税收抵免优惠：（1）该雇员工作时长超过 120 小时但低于 400 小时的企业可抵扣该员工第一年工资总额的 25%；（2）该雇员工作时长超过 400 小时的企业可以抵扣该员工第一年工资总额的 40%；（3）长期家庭援助的收益者可扣除第 2 年工资总额的 50%。

7.1.3　加强职业教育的税收政策

在劳动力市场上，部分技术岗位人才缺失，企业招不到人，市场供给不足。为解决这一问题，许多国家对企业进行职业教育培训的行为制定了税收优惠政策，鼓励企业对员工提供职业教育培训，提高劳动者素质和增加劳动力的有效供给，进而提高国家整体就业水平。

加拿大采取学徒制教育模式和与之配套的企业税收激励政策。加拿大在培养高级技能职业人才时，政府为其提供完善的制度与政策保障，社区与企业共同参与学徒的联合培养。自 20 世纪 90 年代起，加拿大就开始实行学徒制就业“岗位税收抵免”政策。该政策规定，雇用学徒的企业准予按照学徒个人工资薪金的 10% 进行税前扣除，但最高不得超过每个符合条件的个人每年 2000 加币的限额。雇用的学徒需要满足：（1）处于政府注册认证的学徒项目的前两年；（2）在 Red Seal Trades（加拿大指定技术行业的管理协会，从事为指定技术行业制定管理流程、行业标准，并创造培训条件等方面的工作）列举的技术行业中；（3）为在该行业工作而取得证书或执照。同时规定，未享受的税收抵免可以追补至以前纳税年度最高 3 年或结转至以后纳税年度最高 20 年进行抵免。加拿大的学徒培养模式，不仅使得企业在这个过程中享受了税收优惠，还为企业的许多岗位输送了大量高级技能职业性人才，达到了促进就业的目的。

马来西亚政府规定，对从事技术和职业教育培训的公司给予 100% 的投资扣除优惠，投资扣除最大限额为每年税后利润的 70% 。

奥地利政府规定，雇主可以就其向教育培训机构支付的员工高等职业教育培训费用的 6% 申请培训税收抵免（直接抵减公司的应纳税额)。该政策鼓励企业对职工进行职业教育培训，强化劳动者的职业能力和职业素质。

英国政府根据不同就业群体各自的特点提供不同的培训策略，对提供职业培训的企业、机构减免与技能培训收入相关的税收，从而提高劳动者素质，促进就业。

7.1.4 促进经济发展的税收政策

经济发展是保证就业的基础。许多国家设置了多项税收优惠政策，降低了企业的税收负担，激励企业将更多的资金用于扩大再生产。随着企业规模的扩大，企业的就业岗位随之增加，税收政策促进就业的目的也就达成。

2017 年 12 月 22 日，美国特朗普总统签署了于 2018 年生效的《减税与就业法》，这是自 1986 年里根总统税改后第一次也是最重大的一次税法改革。此次税改主要通过对企业、个人的减税，吸引资金回流，激励本国经济发展，从而增加国内就业岗位，促进就业，提高就业率。其中，针对企业的税收优惠政策尤为繁多，主要通过大幅度降低税率、加大资本性支出费用化、对符合条件的“漏斗实体”实行免税、对企业的科研投入产生的收益采取税收减免等途径为企业减轻税收负担。首先，公司所得税税率由税改前的八档超额混合累进税率 15% 、25% 、34% 、39% 、34% 、35% 、38% 和 35% ，改为企业统一适用单一税率 21% ，整体降幅达 40% 。由于美国各州和地方的公司所得税税率不一，平均差别在 4% 左右，因此，税改后美国企业的公司所得税综合税率为 25% 左右。[①] 其次，税改后，企业在 2017 年 9 月 27 日至 2023 年 1 月 1 日购置并投入使用的、除不动产之外的资产可以在当年 100% 费用化，即允许在税前直接一次性扣除。另外，此次税改提出了对个人独资企业、合伙企业、S 公司（即按照美国税法，可按合伙企业课税的公司）免税的政策，这些企业或公司被统称为“漏斗实体”，即收入在企业或公司层面不纳税，其所得全额流到这些实体的所有者手中，所有者就这部分所得按个人所得税税率缴纳个人所得税。再次，美国对企业的科研投入产生的收益采取了税收减免的政策，旨在提高生产高技术产品企业的国内外竞争力，以此刺激企业创造更多的就业岗位，降低美国的失业率。美国税务征管部门对一般性投资和科研投入区别对待，对科研投入产生的收益采取了减免企业所得税及其费用扣除的双重优惠办法。美国政府为了鼓励小型企业（总资产小于 5000 万美元的企业）提供更多的就业岗位，还制定了其他的税收优惠政策，如为促进社会资本加大对小型企业的投资力度，政策规定：若购买者购买、出售符合条件的小型企业股票获得利润，利润的一半可以免税，但该政策要求购买者持有小型企业股票的期限在 5 年以上。最后，美国对在军事基地关闭、工厂倒闭或出现大规模裁员的地区投资建厂的企业，实施税收减免优惠政策。此次税改后，美国的失业率呈下降趋势，2018 年以来，美国就业机会激增，2018 年平均每月新增约 22.3 万个就业岗位，而 2016 年和 2017 年的平均新增岗位数量分别为 19.3 万个和 17.9 万个。

英国宣布脱欧以后，英国政府一直在强调打造优惠的税收环境，吸引外国投资，保持竞争力，刺激经济发展，以增加市场商品需求，进而带动市场劳动力需求。英国致力于在二十国集团内拥有最低的公司税税率。在春季预算案中，政府从 2017 年 4 月起将公司税税率降至 19%，并且从 2020 年 4 月 1 日起将公司税税率进一步降至 17%。[②] 为进一步支持投资，除了在税率上给予企业优惠之外，英国政府将对企业研发支出税收返还进行程序上的行政变革，以提高税收补贴在该范围内的确定性和简便性，并采取措施提高中小企业享受研发税收抵免优惠的意识，保持英国在研发方面的竞争力；在利息预提税上，为了

① 世界税制现状和趋势课题组．世界税制现状与趋势［M］．北京：中国税务出版社，2019.

② 何杨，王文静．英国税制研究［M］．北京：经济科学出版社，2018.

鼓励企业在英国投资，并使其更容易融资，英国政府计划对多边贸易融资交易的债务利息免除预提税，清理英国债务市场发展的障碍，并着手简化其他利息预提税的申请流程，减少企业纳税成本。此外，英国税务部门还对小企业，尤其是失业人员创业的小企业，实行免征3年所得税的政策。英国政府希望通过以上一系列措施，打造有竞争力的税制环境，用税收优惠政策带动投资，用投资带动经济，以经济刺激就业。

韩国鼓励大型企业将海外业务转回国内，从而为国内增添更多的就业岗位。韩国政府规定，若企业落户在规定的大都市区，享受3年免税2年减半征收税额；落户在非大都市区，享受5年免税2年减半征收税额。此外，针对向受重组影响地区进行投资的企业，韩国政府还增加新的税收支持：对创业投资者免征5年的公司所得税和个人所得税；提高固定资产投资的税收扣除标准；扩大中小企业税收优惠的适用范围等。[①] 总之，韩国政府旨在以较大的税收优惠力度鼓励创业、投资，并提高国民就业水平。

波兰政府对在境内进行投资的纳税人给予税收优惠，其税收抵免额为投资额的10%～50%（取决于投资所在的区域），通过采用鼓励投资的方式来刺激就业岗位的增加。[②] 此外，波兰政府还规定，自2018年1月1日后，对小企业所有符合条件的支出（包括与研发有关的薪金及其他开支）的200%抵免应纳税所得额。

南非规定从2015年3月1日起，对中小型企业融资实行一系列税收优惠政策，政府对向中小型企业提供资金的实体免征其所得税，对由融资实体实际拥有的所有股息免除股息税，对由资助实体收到并提供的捐款免除捐赠税。但企业享受这些优惠政策的前提是，中小型企业资助实体必须得到南非税务局的批准，且只有在南非注册、成立或组成的信托或协会才有资格申请享受该类优惠。从核准供资实体获得资金的任何中小型企业将免征所得税，为了使中小型企业有资格获得豁免，中小型企业必须满足微型企业或小型企业的要求。南非政府实行以上税收优惠政策的目的在于减轻相关企业的税负，刺激企业的经济发展，进而带动就业。

---

① 龚辉文．韩国文在寅政府税改：背景、内容与特点［J］．国际税收，2019（1）：16－21.

② 世界税制现状和趋势课题组．世界税制现状与趋势［M］．北京：中国税务出版社，2018.

阿根廷和巴西政府为了减轻中小企业负担，对本国中小企业和个体经营者实行单一税政策，将各项税收合并为一，让企业拥有更多的营运资金以扩大生产规模，从而增加企业的劳动力需求。

印度政府规定，在经济落后的地区新成立的工业企业，自营业之日起可以申请免征公司所得税 3 年或者 5 年，并在此后的 5 年内减征 30%。同样的优惠也适用于符合条件的旅馆业。此外，印度利用税收优惠政策及相关配套措施共同发力，使其软件出口能在全球 224 个国家和地区中名列前茅，并有力地促进了网络、数据输入等相关服务业的迅速发展，很多新的部门、岗位等也随之产生，有效地促进了就业。

尼日利亚通过对农业技术人才的培训，鼓励人们利用当地资源兴办小型加工企业，并对该类企业给予减免所得税的优惠，不仅有效地促进了农村经济的发展，还降低了尼日利亚农村人口的失业率。

在罗马尼亚，税收优惠主要是提供给在“欠发达地区”进行投资的、满足一定条件的投资者，目的是增加就业机会。其中，“欠发达地区”是指结构性失业率高、基础设施落后的地区。

对于研发和创新企业而言，税收扣除的激励效应主要表现在研发费用加计扣除方面。例如，俄罗斯对企业产生的符合条件的研发费用给予 150% 的加计扣除，对当年未扣除完的部分允许向后结转 10 年；巴西的研发费用加计扣除比例为 160% ~200%，如果企业实际雇用的研发人员数量增加，其研发费用加计扣除比例将随之提高；印度对研发活动中发生的费用性支出和除土地投入以外的资本性支出均给予 100% 的加计扣除，特别地，对生物技术和生产制造等特定行业发生的研发费用允许按照 200% 加计扣除；新加坡对符合条件的研发费用允许按照其 150% 的比例加计扣除，一般企业研发费用中前 40 万新加坡元享受额外的 150% ~400% 的加计扣除，中小企业研发费用中前 20 万新加坡元享受额外的 400% 的加计扣除，对于当年扣除不完的研发费用允许向后无限期结转。政府对企业的研发费用给予加计扣除的优惠政策，不仅会鼓励企业创新，还会在一定程度上刺激企业因加大研发投入而增加就业岗位，从而带动就业。

鉴于中小企业在社会稳定、就业、经济活力等方面存在的优势，各国运用多种税收优惠形式以加大针对中小企业的税收优惠力度，且显著表现在对本国中小企业给予公司所得税税率的优惠：卢森堡中小企业的公司所得税税率为22.80%，比利时小型企业的公司所得税税率为20%，荷兰中小企业的公司所得税税率为19%，法国中小企业的公司所得税税率为15%，拉脱维亚微型企业公司所得税的税率为15%，加拿大中小企业的公司所得税税率为9%，匈牙利中小企业的公司所得税税率为9%，立陶宛小企业公司所得税的税率为5%。

7.1.5　其他促进就业的税收政策

7.1.5.1　勤劳所得税收抵免政策

勤劳所得税收抵免（或称低收入家庭福利优惠）政策最早于1975年在美国立法，在1990年、1993年和2001年得到进一步发展。勤劳所得税收抵免政策已成为美国重要的减贫计划之一。该政策实际上是一种负所得税制度。勤劳所得定义为：主要是靠工资、小费或者其他雇用所得，自营业所得，在退休年龄前领取雇主的残障退休计划的福利，法定雇员的所得等。该政策规定，按家庭拥有孩子的数量不同，给予不同的勤劳所得税收抵免，没有孩子的家庭也可以获得，符合条件的孩子为19岁以下或者是24岁以下的全职学生。勤劳所得抵免会根据勤劳所得的多少来决定。勤劳所得税收抵免是勤劳所得额乘以税收抵免百分比得出的，如果没有勤劳所得，则不会有勤劳所得抵免，但当勤劳所得高到一定程度，则勤劳所得抵免会按税收抵免取消百分比而逐步减少，直到勤劳所得高到一定数额，勤劳所得税收抵免完全取消。个人或者夫妻在申报个人所得税的同时申报勤劳所得税收抵免，如果最终不用缴纳个人所得税，则获得的勤劳所得抵免以现金返还给申报者。该政策是针对中低收入阶层的个人或家庭，尤其对有孩子的个人或家庭提供一种可以返还的税收抵免。税收抵免利益的大小取决于个人的收入水平和拥有的小孩数量。

以美国2020年已婚个人联合申报为例，美国按符合条件家庭的小孩数量，从0~3个制定了不同的税收抵免百分比和税收抵免逐步取消百分比。并按照小孩的数量，规定勤劳所得抵免的限额、税收抵免逐步减少开始的勤劳所得数额、税收抵免逐步减少完成的勤劳所得数额，具体见表7-1。

表7-1　　2020年美国已婚个人联合申报勤劳所得抵免

符合条件家庭的小孩数量（个）	税收抵免百分比（%）	税收抵免逐步取消百分比（%）	勤劳所得额（美元）	最大税收抵免额（美元）	税收抵免逐步减少开始的勤劳所得数额（美元）	税收抵免逐步减少完成的勤劳所得数额（美元）
0	7.65	7.65	7030	538	14680	21710
1	34.00	15.98	10540	3534	25200	47646
2	40.00	21.06	14800	5920	25200	53330
3	45.00	21.06	14800	6600	25200	56844

资料来源：《世界税制现状与趋势》课题组．世界税制现状与趋势（2019）［M］．北京：中国税务出版社，2020.

可见，在一定范围内，勤劳所得越多，获得的勤劳所得税收抵免越高，但会有一个最高限额。当勤劳所得增加到一定程度后，勤劳所得抵免会逐步减少，直至为零。显然，能够享受勤劳所得抵免的大多是最低收入阶层，如果可以获得现金返还，这些低收入家庭收入会有所改善。勤劳所得抵免是个人所得税政策的一个进步，是迈向负所得税的第一步，与滋生“懒汉”的政府直接补助相比，勤劳所得抵免政策在一定程度上激励了穷人参与工作的积极性。

7.1.5.2　社会保障税政策

社会保障税具有“失业稳定器”的称谓。为了进一步降低企业雇佣劳动的成本，以达到激励就业的效果，对企业因雇用员工而导致的社会保障支出成本的降低也成为西方国家在企业所得税减免中的主要关注点。

瑞典是世界上高福利国家的典型代表，也是世界上社会保障制度最健全的国家之一。为促进就业，瑞典制定了多项税收优惠政策，如在企业所得税的计算方式中，瑞典政府允许雇主对其员工支付的社会保障税（包括雇主为白领阶层和蓝领阶层分别按7.4%和6%缴纳到某一地区或某一集体机构的“集体保障税”）进行税前全额扣除；部分群体还可享受加计扣除政策，具体规定为：在享受瑞典政府给予特殊支持的区域内，企业为雇员缴纳社会保障税额的10%可以在企业所得税前进行加计扣除，每年的加计扣除额不得超过8.52万瑞典克朗。此外，瑞典政府为了鼓励年轻人进入劳动力市场，对于雇用18～25岁雇员的雇主，减按21.31%的低税率征收社会保障税，这一规定也适用于自营职业者。

韩国规定，小型企业招聘新员工的社会保障税减免优惠延长 3 年；小型企业和中型企业将临时工转正享受的社会保障税减免优惠也延长 3 年，以给予企业税收优惠从而带动就业。

法国对通过设立短期工种，如季节工、半日工、小时工等来增加就业岗位的企业，免征 30% 的社会保障税。

7.2 国外经验借鉴

7.2.1 税收政策普惠性强

许多国家在政策设计上一视同仁，税收政策普惠性强，例如，日本政府为鼓励企业安置失业人员，不区分企业类型，只要安置的失业人数符合限制标准，就能享受优惠政策；波兰政府、马其顿政府对所有类型企业创造新的就业机会的行为都给予税收优惠，并且在企业安置的失业人数方面没有限制；为鼓励企业雇用残疾人员，西班牙政府根据企业雇用残疾人员的伤残程度来确定企业的税收抵免额，其享受税收抵免的资格及数额与企业的类型无关。相比之下，我国相关税收优惠政策只针对部分企业，其他企业不能享受该项税收优惠政策。税收优惠政策的普惠性弱，将会造成纳税主体之间的税收负担不公平，违背了税收公平原则。因此，我国在制定促进就业的税收政策时，应当考虑增强政策的普惠性。

7.2.2 税收政策形式多样

不同国家的经济情况不尽相同，所面临的就业压力大都不一致，采取的促进就业的税收政策形式也有所差别，但大都采用了多种税收优惠形式多管齐下以促进就业。例如，韩国政府为促进就业，采取了多种税收优惠形式，包括减税、免税、延期纳税、税收抵免等；美国采用了减税、免税、税收抵免、投资抵免、加计扣除等税收优惠形式以达到提高就业率的目的。相比之下，我国现行促进就业的税收优惠政策形式比较单一，难以达到政策制定的目的。因此，我国在制定相关就业税收政策时，应当设计多种税收优惠形式共同作用以更好地促进就业。

7.2.3　税收政策受惠对象广

为使得促进就业的效果达到最优状态，各国政府尝试从不同对象各个击破，除了将政策激励就业的重心放在残疾人、应届毕业大学生、青年失业人员等群体之外，也重视对其他特定群体的就业支持。例如，韩国实行的“中小企业再吸收女性雇员就业的税收抵免”政策，激励了中小企业吸纳女性就业，提高了整体就业水平；英国政府对企业雇用年龄超过 50 岁的人员的行为给予免税优惠，鼓励企业聘用高龄人员就业等。相比之下，我国就业税收政策的受惠对象较窄，使得其难以充分发挥自身应有的调节作用。因此，我国政府在制定就业税收政策时，应开阔视野，对更多群体就业给予税收上的支持，从而提高整体就业水平。

7.2.4　税收政策灵活性高

随着经济形势的不断变化，人们的就业观念以及就业模式也随之发生了巨大改变，非标准就业应运而生。为了降低失业率，发达国家和发展中国家纷纷通过税收优惠政策鼓励企业设置小时工、季节工、兼职等岗位，增加就业供给，提高就业率。例如，法国政府通过对企业减免社会保障税的方式，鼓励企业利用非标准就业模式吸纳就业，从而解决了大量劳动者的就业问题。然而，我国现行促进就业的税收政策中，许多都要求企业与员工签订至少一年的劳动合同，这就忽略了对非标准就业群体的激励，难以实现政策与经济与时俱进。因此，我国应适当借鉴国外的激励模式，增强就业税收政策的灵活性。

7.2.5　税收政策注重职业培训

一个国家要促进就业，不仅要想办法创造就业岗位，扩大市场对劳动力的需求，也要注重提高劳动力的有效供给。在劳动力市场上，部分技术岗位人才缺失，企业招不到人，劳动力供给不足，除市场这只“无形的手”对劳动力进行资源配置之外，还需要政府制定税收政策，支持对技术人才的培训，弥补相关部门劳动力供给不足的问题。为解决这一问题，加拿大采取学徒制教育模式和与之配套的企业税收激励政策；马来西亚对从事技术和职业培训的公司给予投资扣除税收优惠；奥地利政府对雇主向教育培训机构支付的员工高等教育培训费用进行税收抵免。相比之下，我国现行就业税收政策中，缺乏直接对职业培训的优惠政策。因此，可以适当参考国外的职业培训税收激励政策，以提高劳动力素质，使其更好地适应岗位需求，从而提高整体就业水平。

第 8 章

优化我国就业税收政策的原则及建议

就业是最大的民生，一直以来，党和政府对就业工作高度重视，坚持就业优先战略和积极就业政策，坚持以人民为中心的思想，制定出台了一系列促进就业的政策，实施了多项稳定就业的措施，为就业提供了坚强的政治保障和政策基础。但我国促进就业的税收政策仍存在一些问题，要真正解决我国就业存在的问题，应从我国实际情况出发，根据我国经济发展的特点，制定符合中国特色的就业税收政策。

8.1 优化我国就业税收政策的原则

一项新政策出台的过程中存在各种社会利益的博弈，相关人员需要慎重对待。在优化我国就业税收政策时，首先应在国家大方针的引导下，根据市场经济发展的要求，兼顾政策制定的公平性和实施的效率性；其次应建立健全具有前瞻性的长效机制；最后应考虑与文化、生态等的统筹兼顾。因此，在制定就业税收政策时必须遵循以下原则。

8.1.1 公平与效率原则

公平与效率原则是制定和优化税收政策首先应考虑的原则。党的十七大提出“初次分配和再分配都要处理好效率和公平的关系，再分配要更加注重公平”，党的十八大进一步指出“初次分配和再分配都要兼顾效率和公平，再分配更加注重公平”。这种兼顾公平与效率的改革思路，体现了和谐社会要义。

其中，公平原则是税收的四大基本原则之一，遵循公平原则，意味着在税制设计时，应均衡考虑优惠对象以及优惠幅度。从横向公平来看，在相同条件下要对新就业或再就业的人员以及社会弱势群体一视同仁；从纵向公平来看，应该根据每一类人员的实际经济负担设计税收优惠幅度。效率原则既包括行政效率也包括经济效率，遵循效率原则，意味着在税制设计时应均衡考虑征纳税款耗费成本的大小和对经济效率的不利影响，这样才能在保证市场发挥基础性作用的同时，充分发挥税收政策在促进就业方面的积极作用。

8.1.2 长效性与前瞻性原则

解决就业问题一直以来都是我国政府的目标，我国就业问题向来十分严峻，这也就决定了在设定税收政策目标时应坚持长效性与前瞻性原则。其中，长效性是指能长期保证制度正常运行并发挥预期功能，前瞻性是指在制定政策时眼光应长远，具备敏锐的洞察力和预见性。长期来看，经济繁荣、社会进步、就业质量提高、实现充分就业是政策的最终目标。因此，政府在制定就业税收政策时，一方面，应聚焦于如何促进更多的非自愿性失业人员就业；另一方面，不仅要考虑如何增加就业岗位，还要考虑如何提升就业人员的素质，授人以鱼不如授人以渔。

8.1.3 统筹发展原则

统筹发展原则是贯穿整个税制设计的主线，为长期有效地解决失业率偏高问题，应重点把握“三大统筹发展原则”。一是目标导向和问题导向相统筹的原则。不仅要从充分就业的目标出发，明确每个阶段应完成的任务，还要从问题的急切性入手，明确解决问题的途径和方法。例如，党的十九届五中全会通过的《中共中央关于制定国民经济和社会发展第十四个五年规划和二〇三五年远景目标的建议》（以下简称《建议》）指出，要坚持经济发展就业导向，坚持就业在经济社会发展中的优先地位，构建经济增长和促进就业的良性循环，在保持经济总量稳定增长、经济结构不断升级的同时，努力实现就业规模扩大、就业结构优化、就业质量提升。二是立足国内和放眼全球相统筹的原则。既以新理念积极引领国内经济发展，带动就业，又从全球经济联动入手，

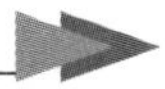

重视改善进出口业务，提升就业能力。三是整体发展和局部侧重相统筹的原则。既着眼于经济、文化等全方位发展，又结合当前我国就业现状，优先发展能快速增加就业的领域。《建议》指出，在以畅通国民经济循环为主构建新发展格局过程中，优先发展吸纳就业能力强的行业产业；在实现创新驱动的内涵型增长过程中，培育就业新增长极，推动劳动者实现体面劳动。

8.2　优化我国就业税收政策的建议

在新的历史时期，为应对复杂严峻的国内外经济形势，坚持就业优先战略，实现更充分更高质量就业，我国应继续大力实施促进就业的税收政策，扩大就业规模，优化就业结构，构建税收、经济与就业的良性互动机制。为此，本节提出以下优化我国就业税收政策的建议。

8.2.1　延长税收政策实施期限

目前，我国就业税收政策存在时限短、长效性差等问题。一方面，就业税收政策的执行期限短，容易引发就业创业主体的短视行为，不利于解决长期就业问题。另一方面，享受就业税收优惠的时间短，不利于就业税收政策效果的发挥。因此，建议进一步修订现行就业税收政策，一是延长部分就业税收政策的执行时间，注重从短期性优惠渐进到长期性优惠，将税收政策对就业创业的支持从短期化进入常态化，尽量减少政策的频繁调整，创造相对稳定的就业创业税收环境。例如，针对小微企业的税收优惠政策从 2010 年开始延续至今，其间频繁改变政策内容和执行期限，不利于稳定就业，因此，可以根据我国现阶段的就业形势，将针对小微企业的税收优惠政策执行期间延长至 5 年甚至更长。二是延长税收优惠的享受时间，提高税收政策就业效应。例如，将符合条件的毕业生在创业时能享受到的减免税待遇的时限延长为毕业年度 5 年内，扩大税收优惠对大学毕业生创业的扶持力度。此外，将下岗失业人员、随军家属、军队转业干部、退役士兵等就业创业主体在 3 年内可以享受增值税、企业所得税或个人所得税等税种的减征或免征延长至 5 年内。

8.2.2 扩大税收政策优惠范围

我国促进就业的税收政策已经实施多年，虽然取得了一定的成效，但效果有限。为了强化促进就业的税收政策的作用，加大税收政策的优惠力度，建议扩大就业税收政策的受惠面。当前，我国促进就业的税收政策优惠范围具有一定的限定性，其在设计时并没有做到一视同仁，而只是对特定群体或特定企业实施税收优惠，违背了公平性原则。为了让促进就业的税收政策发挥最大的效应，首先，建议对所有吸纳失业人员的企业同等对待，而不区分其性质、规模。国外促进就业的税收政策受惠面较广，对于所有类型的企业而言，只要就业活动符合规定的条件，均可享受相应的税收优惠待遇。相比之下，我国仅对安置特殊群体就业（如残疾人、随军家属、军队转业干部、退役士兵等就业）的企业以及对商贸企业、服务型企业、劳动就业服务企业中的加工型企业和街道社区具有加工性质的小型企业实体给予税收优惠。因此，政府在设计促进就业的税收政策时应秉持公平原则，建议将税收优惠对象由特定企业扩大到所有促进就业的企业。也就是说，只要符合一定的条件，任何企业均可享受“一体化”的就业税收激励政策，扩大就业创业税收政策的优惠范围。其次，建议将就业税收政策优惠对象由重点特定群体向普通群体转变。目前，我国仅对特殊群体就业创业给予税收优惠，但这并没有将所有新增劳动力都纳入税收优惠范围内。因此，在制定政策时，不能只看当前的特定群体，还应该将农村富余劳动力、进城务工农民、技校中专毕业生等就业创业主体纳入税收优惠范围内。未来，随着人口老龄化程度的加深和延迟退休制度的实施，可以考虑将存在就业困难的较大年龄劳动者也纳入政策优惠范围内。

8.2.3 丰富税收政策优惠形式

我国的税收优惠形式非常丰富，有税基式优惠、税率式优惠、税额式优惠、递延式优惠四种形式，每种优惠形式有其独自的功能。但我国现行促进就业的税收政策优惠形式比较单调，一般是对企业、个体工商户等按规定的限额对增值税、城市维护建设税、教育费附加、地方教育附加、企业所得税或个人所得税等依次减免。但是，仅仅通过减免税这一优惠形式，税收政策很难惠及就业创业的全过程。一国要全面推进“大众创业、万众创新”，其税收优惠政策必须体现在事前扶持和事后激励两方面，在创业上既要重视对创业收益所得税的减免，也要重视创业过程中费用的扣除；在创新上既要重视科技成果的研发，也要重视科技成果的转化。因此，建议我国在设计促进就业的税收政策时，可以借鉴国外通过直接与间接优惠形式多管齐下来促进就业的做法，运用多种税收优惠形式，充分发挥税收优惠政策的综合效应。具体来说，要将税收优惠由直接优惠形式为主向直接和间接优惠相结合并以间接优惠形式为主的方式转变。因为以间接优惠形式为主的税收政策能充分调动纳税人的积极性，且对纳税人的激励作用大于直接优惠形式，可以对就业创业主体产生更深远、更显著的影响。也就是说，除了减免税这一直接优惠形式外，我国还应该综合运用亏损结转弥补、加计扣除、加速折旧、延期纳税等间接优惠形式，拓展政策的选择空间以及使用的灵活性，体现对就业创业活动更多的正向激励。

8.2.4 强化税收政策针对性

经济发展是保证就业的基础，而税收政策对经济发展具有一定的调控引导功能。为有效解决就业问题，一方面，要保证吸纳就业能力强的相关企业或行业持续稳定的发展，加强税收政策对该类企业或行业的针对性；另一方面，要注重非正规就业及职业教育和培训。首先，中小企业是就业创业活动的重要力量，因此建议出台专门针对中小企业的就业创业税收政策。具体可从以下三方面着手：一是借鉴其他国家的成功经验，给予中小企业自身更大的税收优惠，扶持中小企业成长，从而稳定和增加就业岗位；二是对支持中小企业发展的组织或个人也予以税收优惠，加大其对中小企业投资的积极性，扩大就业创业规模，从而增加劳动力需求；三是通过税收优惠政策鼓励中小企业提高其科技创新能力，提高劳动生产效率，从而增加就业岗位。其次，建议政府出台专门针对第三产业的就业创业税收政策，加快我国第三产业的发展，提高其就业弹性，从而吸纳更多劳动力就业。为了达到这一效果，政府应降低第三产业的税收负担，加大对第三产业的税收优惠力度，为第三产业的发展营造宽松的税收环境。例如，可考虑在创业阶段实行免税，尤其是对那些有劳动力需求、容纳就业较多而利润率较低的企业给予税收上的扶持，使企业不断成长，从而为社会创造更多的就业岗位。再次，建议政府出台专门针对非正规就业的税收优惠政策。非正规就业制约因素少而且进入门槛较低，通过在这些岗位上就业，失业者很容易获得生存空间，因此我国非正规就业群体不断增加。建议政府针对非正规就业制定税收优惠政策，可以借鉴国外做法，通过税收优惠政策鼓励企业设置小时工、季节工、兼职等岗位，激励非正规就业群体就业，从而提高就业水平。最后，建议政府出台专门针对职业教育和培训的税收优惠政策。可以借鉴加拿大、马来西亚、奥地利等国家的做法，支持对技术人才的培训，由“促进就业”向“促进就业能力”转变，将政策眼光聚焦到对人力资本投资的激励上来。一方面，政府可以利用税收手段大力扶持职业教育，强化劳动者的专业技能。例如，将纳税人接受职业资格继续教育支出，在取得证书当年按照3600 元定额扣除改为定额扣除 4800 元。另一方面，政府要鼓励企业增加职工教育培训支出。建议将仅针对软件生产企业和集成电路设计企业发生的职工教育经费中的职工培训费可以全额在企业所得税税前扣除这一规定适用至全部企业，降低企业自主培养人才的成本，鼓励企业进行人力资本投资。与此同时，建议政府给予培训机构更大的税收优惠。对于参与就业教育培训的民营机构和对于高级技术工人有需求的企业组建的培训机构，可以参照对就业创业重点群体的做法，在一定期限内免征其增值税和企业所得税。

8.2.5 降低享受税收优惠门槛

为提高税收政策的就业激励作用，建议政府降低享受税收优惠的门槛。对于残疾人享受税收优惠的条件来说，建议将《关于促进残疾人就业增值税优惠政策的通知》规定的雇用残疾人员工的数量和占比要求降低并改为仅满足其中一个条件就可以享受增值税即征即退的减免优惠；也可适当放宽要求残疾人拥有《残疾人证》这一条件，改为要求残疾人出具三甲以上医院伤残证明等条件，降低享受税收优惠的条件，促进残疾人就业。对于高新技术企业认定来说，目前认定条件过于严苛，建议降低高新技术企业认定中对研发费用投入强度的要求，可以将最近一年销售收入在 2 亿元以上的企业，要求其近三个会计年度的研究开发费用总额占同期销售收入总额的比例由不低于 3% 改为不低于 2.5% 。对于创业投资企业和天使投资个人享受税收优惠条件来说，建议将

要求的投资对象仅限于中小高新技术和初创科技型企业扩大到所有中小企业，降低税收优惠的享受条件，从而激发创投企业和天使投资人对中小企业的投资热情，扶持中小企业成长，从而增加就业岗位。

8.2.6　提高税收政策法律层级

要真正让就业税收政策发挥其应有的效果，建议政府积极推进税收立法进程，提高就业创业税收政策的立法层级，依法制定统一的税收优惠法律法规，并积极出台实施细则确保有法可依、有章可循。为实现就业税收政策的法治化，可以对其进行专门立法。例如，可以借鉴日本 1946 年颁布的《税收特别措施法》和韩国 1981 年制定并开始实施的《租税减免规制法》，专门制定具有易懂性、有效性和整体性的《就业税收优惠法》，通过法律的形式确定就业税收优惠的设立原则，明确就业税收优惠的制定权、优惠要件、优惠幅度、优惠方式、优惠范围等，增强法律法规的有效性、规范性和系统性，并及时梳理、修改和废止规章及以下的政策性文件，形成统一稳定的就业税收优惠法律体系。

8.2.7　增强税收政策就业效应

根据第 5 章实证研究结果可知，当前就业税收政策中涉及的税种的效应各有千秋。从劳动总需求方面看，企业所得税税收负担与就业人员数负相关。从劳动总供给方面看，个人所得税会产生就业负效应，而社会保障税、增值税有正向促进作用，其中，增值税的促进效果短期不太明显。因此，建议调整就业税收政策涉及的相关税种的部分规定，以期更好地实现促进就业的目的。

关于企业所得税如何影响劳动力总需求这一话题，学术界主要从企业投资和劳动力成本两个视角进行了相应的理论探讨。在企业投资方面，企业所得税会在一定程度上降低资本边际效率，进而抑制企业投资，从而使企业的劳动力需求有所下降；在劳动力成本方面，由于征税必然会使得企业成本有所提高，进而降低企业净利润，最终对企业的劳动力需求产生抑制作用。结合第 5 章实证研究结果，为了促进企业吸纳就业，建议降低企业所得税税收规模。具体来说，一方面，建议对企业投资给予企业所得税优惠待遇，可以着重考虑东部地区企业和国有企业；另一方面，建议对企业吸纳人员就业这一行为享受企业所得税税前扣除政策，可以比照《财政部 国家税务总局关于安置残疾人员就业有关企业所得税优惠政策问题的通知》，扩大适用对象的范围。

从劳动总供给这一角度来看，个人所得税与劳动供给负相关，为增加就业人员数，建议调整我国现行个人所得税税制。例如，我国创业者的创业所得、从其投资兴办企业分得的股息红利所得、股权激励所得、转增股本所得都面临双重征税的问题，税收负担过重不利于激发创业者的创业积极性。建议对创业者从其投资创办企业分配所得的股息红利所得实施个人所得税优惠政策。比如，可以将从企业分得的股息分两种情况来处理：一是再投资所得应纳个人所得税可100%抵扣企业所得税；二是余下所得应纳个人所得税可按优惠比例抵扣部分企业所得税。与此同时，还要研究制定对创业者个人股权激励所得、转增股本所得的个人所得税优惠政策，如实行延期纳税优惠政策。通过这些举措促进创业，达到以创业带动就业的目的。

8.3 优化我国就业税收政策的配套措施

8.3.1 加大税收政策宣传力度

根据第6章问卷调查的结果，发现企业和个体工商户了解促进就业税收政策的渠道主要是税务机关宣传辅导，其次是互联网。因此，建议税务机关要在保证对企业继续宣传辅导就业税收政策力度的基础上，围绕“互联网+税务”现代税收思想，加大互联网对就业税收政策宣传力度。例如，可以加强电子税务局、微博、微信公众号等平台的建设，打造全天候、“点对点”就业税收政策宣传模式，加大就业税收政策的宣传范围。此外，一方面，税务部门可以每年为创业企业以及吸纳大量人员就业的企业专门举办线下就业税收政策讲座，提供免费的、有针对性的纳税咨询与指导；另一方面，税务部门可以制作视频培训课程，或者通过钉钉、腾讯会议等媒体平台举办纳税人线上“云课堂”，围绕政府出台的各项就业税收政策和企业反映的热点难点问题等进行深入解读并开展线上互动交流答疑，做到线上线下培训紧密结合。

8.3.2　优化税收优惠事项办理

对于符合就业税收优惠条件的纳税人，其下一步就是去税务机关办理享受税收优惠。根据《企业所得税优惠政策事项办理办法》规定，自 2018 年 4 月起，企业所得税优惠事项全部采用“自行判别、申报享受、相关资料留存备查”的办理方式。那么，纳税主体在申报享受就业税收优惠的过程中，一方面，建议参照上述规定，进一步取消税务行政审批和前置性审核事项，精简纳税人资料报送，切实为纳税人在办理享受就业税收优惠时减少麻烦；另一方面，建议税务部门应坚持在办理有关就业税收优惠事项时服务要优质高效，在办理过程中要以问题为导向，抓住主要矛盾，及时为纳税人在办理享受就业税收优惠时存在的疑惑进行解答，并充分应用现代信息技术，让纳税人办理有关就业税收优惠事项时更便捷、更省心。

8.3.3　加大多方监督力度

监督制度是政策执行的有效保障，保证税收政策有效执行的监督机制包括内部监督和外部监督。内部监督包括税务部门上下级的监督，税务部门内部人员互相监督以及税务部门内设机构如法规、监察等部门的监督。外部监督包括政府部门对税务部门政策执行情况的监督检查，企业对税务部门政策执行情况的监督等。当前，较为科学的监督主体包括政府、税务部门、企业和媒体，为使就业税收政策有效执行，建议加大多方的监督力度。首先，政府部门作为权力机关，可以通过听取税务部门对就业税收政策执行情况的汇报、视察等提出建议，以增强政府部门对于就业税收政策执行的监督效果。其次，税务部门应加大监督力度。例如，可以在税务部门内部成立专门的就业税收政策实施监督工作小组，并秉承独立原则，与政策制定和实施部门相互独立。此外，税务部门可以利用互联网对享受就业税收优惠的纳税人跟踪监控，提高监管效能，与此同时，要对可疑主体重点稽查，严肃处理骗取就业税收优惠的违法行为。再次，可以充分利用企业特别是创业企业对就业税收政策的敏感度，对税务部门就业税收政策落实过程中的行为进行监督。最后，应加大媒体的监督力度，媒体应秉持客观、公正的态度，对就业税收政策实施中的相关问题实时跟踪报道，使就业税收政策落到实处。

8.3.4 建立政策反馈机制

一项政策并不是执行完了就结束了，必须对其执行情况及效果建立反馈机制，这样才能根据实施过程中出现的问题对政策进行优化，真正实现政策制定时的目标。因此，建议政府建立就业税收政策实施效果的反馈机制，了解就业税收政策实施的效果。具体可从以下两方面入手：一方面，税务部门要构建就业税收政策实施效果评估指标体系。在就业税收政策效果评估工作开展中，税务人员要针对就业税收政策涉及的经济指标等进行有效考察，并选择合适的效应评估方式，把握评估重点，这样才能使得最终评估效果的科学性与合理性得到保障，为后续更好地落实就业税收政策打下基础。通过以上措施，税务部门可以了解到就业税收政策的具体落实情况，并及时发现和总结就业税收政策执行过程中存在的问题和成因，结合实践给出具体有效的改进措施。另一方面，专门为就业创业者开设就业税收政策反馈意见平台。例如，税务机关可开设专门热线来受理就业税收政策在落实过程中就业创业者发现或存在的问题，还可以在政府网站上设立就业税收政策专窗并开设专门的信箱，鼓励就业创业者对在享受就业税收优惠过程中遇到的不公正待遇进行实名或匿名举报。

8.3.5 完善社会保障制度

社会保障制度是政府在特殊情况下给予特殊人员的特殊帮助，相当于一个兜底手段。随着经济体制的转变，我国虽然在不断推进社会保障制度的改革，社会保障水平不断提升，但仍面临一些问题和挑战，其保障程度还需要进一步加强。首先，社会保障在不同地区、不同群体以及城乡之间的保障标准和保障水平还有差距。其次，社会保障资金投入不够充足，我国人口基数较大，导致我国社会保险的人均水平与发达国家相比仍有较大的差距。最后，社会保障资金运行效率较低。一直以来，我国政府都是通过统筹账户将社会保障资金归集起来，统一管理和使用，而并非向西方国家那样设置社会保障税，弱化了社会保障制度原有的功能。因此，为使得社会保障对就业发挥正向作用，我国应继

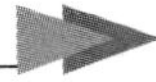

续推进社会保障制度改革。建议政府建立健全社会保障制度，这样可以促进劳动力的充分流动，以分散和化解就业压力，特别是有效地解决隐性失业和结构性失业问题。此外，建议政府加大对社会保障建设的资金投入，扩大社会保障的受惠面，给予积极参保的行业和地区政策扶持，这样才能增强普通行业和经济欠发达地区对劳动力的吸引力。

附　录

促进就业税收政策执行情况调查问卷

您好！为了全面了解江西省关于残疾人士、退役士兵、建档立卡贫困人口、毕业大学生、持《就业创业证》《就业失业登记证》《再就业优惠证》人员的就业税收政策的执行情况，特进行此次问卷调查，请提出您的看法和意见。本次问卷以不记名的方式展开，感谢您的参与！

1. 您是企业还是个体工商户：

A. 企业　　B. 个体工商户

（企业部分）

2. 您的企业所在的地级市单位：

A. 抚州市　　B. 赣州市　　C. 吉安市　　D. 景德镇市

E. 九江市　　F. 南昌市　　G. 萍乡市　　H. 上饶市

I. 新余市　　J. 宜春市　　K. 鹰潭市

3. 企业所属产业：

A. 第一产业（主要指生产食材以及其他一些生物材料的产业）

B. 第二产业（主要指加工制造产业）

C. 第三产业（主要指现代服务业或商业）

D. 其他

4. 企业职工人数：

A. 50 人以下　　B. 50～150 人　　C. 150～500 人　　D. 500 人以上

5. 企业职工中属于残疾人士的人员人数：

A. 0 ~ 5 人　　B. 5 ~ 10 人　　C. 10 ~ 20 人　　D. 20 人以上

6. 企业职工中属于退役士兵的人员人数：

A. 0 ~ 5 人　　B. 5 ~ 10 人　　C. 10 ~ 20 人　　D. 20 人以上

7. 企业职工中属于建档立卡贫困人口的人员人数：

A. 0 ~ 5 人　　B. 5 ~ 10 人　　C. 10 ~ 20 人　　D. 20 人以上

8. 企业职工中持有《再就业优惠证》《就业创业证》《就业失业登记证》的人员总人数：

A. 0 ~ 5 人　　B. 5 ~ 10 人　　C. 10 ~ 20 人　　D. 20 人以上

9. 您认为以上特殊人员在工作中的表现与普通员工有什么不同？

A. 工作十分努力　B. 工作较努力　C. 与普通员工基本无差别

D. 工作较消极　E. 工作非常消极

10. 您认为近两年企业的总体税收负担水平如何？

A. 非常重　B. 比较重　C. 税负适中

D. 比较轻　E. 非常轻

11. 您是否了解促进就业税收政策？

A. 非常了解　B. 比较了解　C. 一般

D. 比较不了解　E. 非常不了解

12. 您主要是通过什么渠道了解相关就业税收政策？（可多选）

A. 广播电视　B. 互联网　C. 税务机关宣传辅导

D. 同行或朋友　E. 税务机关网站　F. 其他

13. 您认为税务机关对有关促进就业税收政策的宣传和落实是否到位？

A. 非常到位　B. 比较到位　C. 一般

D. 比较不到位　E. 非常不到位

14. 您认为为了促进就业制定税收优惠政策是否有必要？

A. 非常有必要　B. 比较有必要　C. 一般

D. 比较没必要　E. 非常没必要

15. 近两年企业是否享受了有关促进就业的税收政策？

A. 是　B. 否

16. 如未享受，您觉得主要原因是什么？(可多选)

A. 限定条件较为严格　　B. 不知道有该项税收政策

C. 享受政策程序烦琐　　D. 优惠力度较小，没用申请

E. 其他

17. 如果享受了，你享受的促进就业税收政策类型是什么？(可多选)

A. 对安置残疾人的单位和个体工商户，实行由税务机关按纳税人安置残疾人的人数，限额即征即退增值税的办法

B. 企业安置残疾人员的，在按照支付给残疾职工工资据实扣除的基础上，按照支付给残疾职工工资的 100% 加计扣除

C. 安置残疾人就业的单位可减征或免征城镇土地使用税

D. 当年新招用持《再就业优惠证》人员，与其签订 1 年以上期限劳动合同并依法缴纳社会保险费的，按实际招用人数享受予以定额依次扣减增值税、城市维护建设税、教育费附加和企业所得税优惠，定额标准为每人每年 4000 元，可上下浮动 20%

E. 企业招用自主就业退役士兵，与其签订 1 年以上期限劳动合同并依法缴纳社会保险费的，自签订劳动合同并缴纳社会保险当月起，在 3 年内按实际招用人数予以定额依次扣减增值税、城市维护建设税、教育费附加、地方教育附加和企业所得税优惠，定额标准为每人每年 6000 元，最高可上浮 50%

F. 企业招用建档立卡贫困人口，以及在人力资源社会保障部门公共就业服务机构登记失业半年以上且持《就业创业证》或《就业失业登记证》的人员，与其签订 1 年以上期限劳动合同并依法缴纳社会保险费的，自签订劳动合同并缴纳社会保险当月起，在 3 年内按实际招用人数予以定额依次扣减增值税、城市维护建设税、教育费附加、地方教育附加和企业所得税优惠，定额标准为每人每年 6000 元，最高可上浮 30%

G. 为安置自主择业的军队转业干部就业而新开办的企业，凡安置自主择业的军队转业干部占企业总人数 60%（含）以上的，自领取税务登记证之日起，其提供的应税服务 3 年内免征增值税和企业所得税

H. 对为安置随军家属就业而新开办的，随军家属占企业总人数 60%

（含）以上的企业，自领取税务登记证之日起，3 年内免征增值税和企业所得税

18. 您认为这些促进就业的税收政策是否可以有效地减轻企业的税收负担？

A. 非常有效果　B. 比较有效果　C. 效果一般

D. 效果甚微　E. 基本无效

19. 通过享受促进就业的税收政策，企业是否更愿意招收更多的相关特殊人员？

A. 愿意　B. 比较愿意　C. 基本没影响

D. 比较不愿意　E. 不愿意

20. 您对促进就业的税收政策的是否满意？

A. 非常满意　B. 比较满意　C. 感觉适中

D. 比较不满意　E. 非常不满意

21. 您认为有关促进就业的税收政策存在哪些问题？（可多选）

A. 招纳特殊人员只能在 3 年内享受优惠政策，期限较短

B. 优惠力度较小

C. 享受政策的门槛较高

D. 其他（请列出）

22. 您对有关促进就业的税收政策有哪些建议？（可多选）

A. 增长税收优惠政策期　B. 提高税收减免额度

C. 丰富税收优惠形式　D. 其他

（个体工商户部分）

23. 您属于以下哪类人员：

A. 残疾人　B. 持《再就业优惠证》人员

C. 随军家属　D. 军队转业干部　E. 退役士兵

F. 建档立卡贫困人口、持《就业创业证》或《就业失业登记证》人员

G. 毕业年度内高校毕业生

24. 您的年龄所处范围：

A. 20～30岁　　B. 30～40岁　　C. 40～50岁　　D. 50岁以上

25. 您所在的地级市单位：

A. 抚州市　　B. 赣州市　　C. 吉安市　　D. 景德镇市

E. 九江市　　F. 南昌市　　G. 萍乡市　　H. 上饶市

I. 新余市　　J. 宜春市　　K. 鹰潭市

26. 您认为近两年企业的总体税收负担水平如何？

A. 非常重　　B. 比较重　　C. 税负适中

D. 比较轻　　E. 非常轻

27. 您是否了解促进就业税收政策？

A. 非常了解　　B. 比较了解　　C. 一般

D. 比较不了解　　E. 非常不了解

28. 您主要是通过什么渠道了解相关就业税收政策？（可多选）

A. 广播电视　　B. 互联网　　C. 税务机关宣传辅导

D. 同行或朋友　　E. 税务机关网站　　F. 其他

29. 您认为税务机关对有关促进就业税收政策的宣传和落实是否到位？

A. 非常到位　　B. 比较到位　　C. 一般

D. 比较不到位　　E. 非常不到位

30. 您认为为了促进就业制定税收优惠政策是否有必要？

A. 非常有必要　　B. 比较有必要　　C. 一般

D. 比较没必要　　E. 非常没必要

31. 近两年您是否享受了有关促进就业的税收政策？

A. 是　　B. 否

32. 如未享受，您觉得主要原因是什么？（可多选）

A. 限定条件较为严格　　B. 不知道有该项税收优惠政策

C. 享受程序烦琐　　D. 优惠力度较小，没用申请

E. 其他

33. 如果享受了，你享受的促进就业税收政策类型是什么？

A. 残疾人个人提供的加工、修理修配劳务，免征增值税

B. 对残疾人个人取得的劳动所得，按照省人民政府规定的减征幅度和期限减征个人所得税

C. 对持《再就业优惠证》人员从事个体经营的，3 年内按每户每年 8000 元为限额依次扣减其当年实际应缴纳的增值税、城市维护建设税、教育费附加和个人所得税

D. 对从事个体经营的随军家属，自领取税务登记证之日起，3 年内免征增值税和个人所得税

E. 从事个体经营的军队转业干部，经主管税务机关批准，自领取税务登记证之日起，3 年内免征增值税和个人所得税

F. 自主就业退役士兵从事个体经营的，自办理个体工商户登记当月起，在 3 年内按每户每年 12000 元为限额依次扣减其当年实际应缴纳的增值税、城市维护建设税、教育费附加、地方教育附加和个人所得税，限额标准最高可上浮 20%

G. 建档立卡贫困人口、持《就业创业证》或《就业失业登记证》的人员，从事个体经营的，自办理个体工商户登记当月起，在 3 年内按每户每年 12000 元为限额依次扣减其当年实际应缴纳的增值税、城市维护建设税、教育费附加、地方教育附加和个人所得税，限额标准最高可上浮 20%

H. 毕业年度内高校毕业生从事个体经营的，自办理个体工商户登记当月起，在 3 年内按每户每年 12000 元为限额依次扣减其当年实际应缴纳的增值税、城市维护建设税、教育费附加、地方教育附加和个人所得税，限额标准最高可上浮 20%

34. 您认为这些促进就业的税收政策是否可以有效地减轻企业的税收负担？

A. 非常有效果　B. 比较有效果　C. 效果一般

D. 效果甚微　E. 基本无效

35. 您对促进就业的税收政策的是否满意？

A. 非常满意　B. 比较满意　C. 感觉适中

D. 比较不满意　E. 非常不满意

36. 您认为有关促进就业的税收政策存在哪些问题？（可多选）

A. 招纳特殊人员只能在 3 年内享受优惠政策，期限较短

B. 优惠力度较小

C. 享受政策的门槛较高

D. 其他（请列出）

37. 您对有关促进就业的税收政策有哪些建议？（可多选）

A. 增长税收优惠政策期　　B. 提高税收减免额度

C. 丰富税收优惠形式　　D. 其他

参考文献

[1] 艾永锋．所得税对第三产业就业结构的影响效应研究 [D]．成都：西南财经大学，2019.

[2] 白彬，张再生．基于政策工具视角的以创业拉动就业政策分析——基于政策文本的内容分析和定量分析 [J]．科学学与科学技术管理，2016 (12)：92－100.

[3] 包健．中小高科技企业税收优惠政策分析 [J]．科学管理研究，2013 (5)：96－99.

[4] 包艳华，马永红，Ulrich Teichler. 基于国际比较视角的高校毕业生就业跟踪调查机制探析 [J]．中国大学教学，2018 (7)：96.

[5] 蔡昉．宏观经济政策如何促进更多更好就业？——问题、证据和政策选择 [J]．劳动经济研究，2015 (3)：29.

[6] 曹佳．推进实践创新 完善政策体系 实现更高质量和更充分就业 [N]．中国社会保障报，2018－11－28.

[7] 陈贵富，王朝才．政府财政支出与就业的经验分析——基于 CHNS 微观面板数据 [J]．财政研究，2015 (4)：15－19.

[8] 陈梦阳．企业所得税优惠政策对就业的影响效应分析 [D]．上海：上海财经大学，2020.

[9] 陈永伟，徐冬林．税收优惠能够促进就业吗？——基于企业所得税的分析 [J]．中南财经政法大学学报，2011 (2)：29－34.

[10] 陈晨，刘冠军．实现高质量就业与提升人力资本水平研究 [J]．中国特色社会主义研究，2019 (3)：42－50.

[11] 丛明，朱乃肖．我国实施积极财政政策若干问题的研究［J］．税务研究，2010（1）：12－17.

[12] 邓远军．课税对我国就业影响的经济分析［J］．税务研究，2006（12）：14－19.

[13] 董再平．税收和就业的经济学分析［J］．税务研究，2008（2）：19－23.

[14] 封世蓝，谭娅，蒋承．家庭社会网络与就业质量——基于2009～2015年“全国高校毕业生就业状况调查”的分析［J］．金融研究，2019（10）：79－97.

[15] 冯海波，陆倩倩．对中小企业减税可以提高其吸纳就业能力吗——基于中小板上市公司数据的分析［J］．税务研究，2020（10）：21－28.

[16] 龚辉文．韩国文在寅政府税改：背景、内容与特点［J］．国际税收，2019（1）：16－21.

[17] 郭庆旺，贾俊雪．政府公共资本投资的长期经济增长效应［J］．经济研究，2006（7）：29－40.

[18] 郭庆旺．最适所得课税［J］．财经问题研究，1995（8）：27－32.

[19] 郭新强，胡永刚．中国财政支出与财政支出结构偏向的就业效应［J］．经济研究，2012（12）：5－17.

[20] 郭长林．财政政策扩张、异质性企业与中国城镇就业［J］．经济研究，2018（5）：88－102.

[21] 郭宇．以健全的财税政策保障青年就业［J］．人民论坛，2019（4）：78－79.

[22] 国家统计局．中国统计年鉴2020［M］．北京：中国统计出版社，2020.

[23] 韩冲．促进就业的财税制度研究［D］．武汉：华中师范大学，2015.

[24] 韩健．促进新生代流动人口就业精准化的财政政策研究［J］．长白学刊，2018（2）：99－105.

[25] 何代欣，马昆姝，王周飞．扩大就业创业市场的财税政策取向［J］．税务研究，2015（8）：10－14.

[26] 何代欣. 当前保就业的财税政策定位与对策 [J]. 税务研究，2020 (10)：29-33.

[27] 何潼. 促进就业的财税法律问题研究 [D]. 重庆：西南政法大学.2014.

[28] 何杨，王文静. 英国税制研究 [M]. 北京：经济科学出版社，2018.

[29] 胡绍雨. 促进就业的积极财税政策分析 [J]. 理论导刊，2016 (7)：83-86.

[30] 纪明. 促进就业的财政政策演化博弈分析 [J]. 税务与经济，2009 (5)：29-33.

[31] 蒋承，马琳. 对高校就业质量报告的比较研究 [J]. 中国高教研究，2015 (11)：60-65.

[32] 匡小平，肖建华. 我国自主创新能力培育的税收优惠政策整合——高新技术企业税收优惠分析 [J]. 当代财经，2008 (1)：23-27.

[33] 赖勤学，颜慧萍. 促进残疾人就业的税收政策探讨 [J]. 税务研究，2015 (8)：20-25.

[34] 李博，温杰. 中国工业部门技术进步的就业效应 [J]. 经济学动态，2010 (10)：34-37.

[35] 李林木. 我国就业困境的内在根源与税收政策的导向选择 [J]. 税务研究，2008 (2)：15-18.

[36] 李宁，徐荣华. 就业质量统计相关问题研究 [J]. 统计研究，2016 (2)：111-112.

[37] 李鹏. 促进我国城乡就业统筹发展的税收政策 [J]. 税务研究，2010 (12)：14-18.

[38] 李平. 促进就业创业的财税政策经验借鉴及启示 [J]. 税务研究，2016 (4)：88-91.

[39] 李盛基，吕康银，金凤龄. 财政教育支出减贫的空间溢出效应分析 [J]. 税务与经济，2016 (6)：50.

[40] 李霞. 促进就业的税收政策分析 [J]. 常州大学学报（社会科学

版)，2011 (12)：34 -37.

［41］李健，李亚员．“双一流”高校毕业生就业结构、质量及行为研究［J］. 当代青年研究，2018 (4)：85 -91.

［42］李旭红，马雯．税收优惠与中小企业成长能力的实证分析［J］. 税务研究，2014 (8)：79 -84.

［43］李颖．促进就业创业的税收激励机制研究［J］. 税务研究，2017 (10)：19 -23.

［44］李志明、邢梓琳．巩固民生之本：实现更高质量和更充分就业［J］. 学术研究，2019 (9)：1 -6.

［45］梁秀生，顾永安，王中教．回归与创新：应用型人才培养模式改革探析——基于高质量就业视角的审视［J］. 职业技术教育，2018 (34)：37 -42.

［46］林恋青．企业所得税减免的就业激励效应实证研究［D］. 上海：上海海关学院，2020.

［47］刘春燕．中国技术进步对就业影响的实证分析［J］. 金融与经济，2010 (8)：56 -59.

［48］刘广洋．论税收对就业的影响［J］. 税务研究，2003 (1)：24 -27.

［49］刘啟仁，赵灿．税收政策激励与企业人力资本升级［J］. 经济研究，2020 (4)：70 -85.

［50］刘社建，李振明．促进积极就业政策完善的财政政策探讨［J］. 财政研究，2007 (10)：77 -78.

［51］刘素华．建立我国就业质量量化评价体系的步骤与方法［J］. 人口与经济，2005 (6)：36.

［52］刘习平．中国出口贸易、经济增长与就业关系的实证研究——基于中国 1978 ~2010 年数据的实证检验［J］. 国际贸易问题，2012 (11)：32 -41.

［53］刘燕斌．明确稳就业思路对策 实现更高质量更充分就业［N］. 中国社会保障报，2019 -3 -23.

［54］鲁元平，杨芳，张静堃．区域性税收优惠政策的工资与就业效应分析——基于西部大开发的准自然实验［J］. 税务研究，2020 (2)：118 -123.

［55］栾福明，王雨佳，韩平飞．完善支持大众创业的税收政策探讨

[J]. 经济纵横，2016 (2)：48 -51.

[56] 马海涛，王斐然. 我国就业市场变化的税收因素分析——基于产业结构调整视角 [J]. 税务研究，2020 (10)：5 -15.

[57] 马海涛，向飞丹晴. 促进就业的财税政策探讨 [J]. 税务研究，2009 (5)：6 -10

[58] 马拴友. 积极财政政策的效应评价 [J]. 经济评论，2001 (6)：33 -37.

[59] 莫荣，刘永魁，陈云. 新中国成立 70 年就业发展历程与未来展望 [J]. 中国劳动，2019 (11)：5 -19.

[60] 彭剑君，叶青. 就业与财政政策取向 [J]. 统计与决策，2006 (4)：129 -130.

[61] 钱俊文. 关于我国再就业税收优惠政策的法律思考 [J]. 税务与经济（长春税务学院学报），2005 (1)：19 -23.

[62] 邱玥. 提升技能稳就业—专家解读《职业技能提升行动方案（2019—2021 年)》[N]. 光明日报，2019 -6 -3 (4).

[63] 世界税制现状和趋势课题组. 世界税制现状与趋势 [M]. 北京：中国税务出版社，2018.

[64] 世界税制现状和趋势课题组. 世界税制现状与趋势 [M]. 北京：中国税务出版社，2019.

[65] 宋凤玲，王文清. 韩国税收优惠政策最新调整及对我国的启示 [J]. 国际税收，2017 (5)：72 -76.

[66] 孙红玲，陈刚强，张富泉. 新常态下促进创业就业与完善分税制改革的思考 [J]. 财政研究，2015 (8)：36 -41.

[67] 孙岩岩. 我国促进就业税收政策的调整与完善 [J]. 税务研究，2014 (8)：49 -51.

[68] 唐永升，汪泓. 我国税收政策促进就业的影响机制与转型策略研究 [J]. 现代管理科学，2014 (7)：25 -27.

[69] 田艳平，冯国帅. 城市公共服务对就业质量影响的空间差异 [J]. 城市发展研究，2019 (12)：122 -129.

[70] 童玉芬，杨河清. 提高退休年龄不会加剧我国的就业压力 [J]. 人

口与发展，2011（4）：30－32.

［71］王春成．促进就业的税收政策研究［J］．税务研究，2009（5）：28－30.

［72］王春雷．促进扩大就业税收政策的路径选择——基于就业弹性方面的考察［J］．财经问题研究，2007（1）：73－80.

［73］王国清，祝遵宏．完善我国促进就业的税收政策［J］．税务研究，2009（5）：31－33.

［74］王建刚，韩毅，李中健．对再就业税收优惠政策的分析与修正［J］．税务研究，2005（11）：26－29.

［75］王文甫．政府支出、技术进步对劳动就业的效应分析［J］．经济科学，2008（3）：48－57.

［76］王跃堂，王国俊，彭洋．控制权性质影响税收敏感性吗？——基于企业劳动力需求的检验［J］．经济研究，2012（4）：52－63.

［77］王志宇，张志超．中国财政政策调控就业的实践研究［J］．经济问题，2014（4）：5－38，99.

［78］王智烜，邓力平，吴心妮．减税降费的就业促进效应——基于异质性企业框架视角［J］．税务研究，2020（10）：16－20.

［79］王智烜，邓秋云，陈丽．减税降费与促进高质量就业——基于PVAR 模型的研究［J］．税务研究，2018（6）：102－108.

［80］魏陆．促进大学生就业的财税政策思考［J］．税务研究，2009（5）：24－27.

［81］温忠麟，叶宝娟．中介效应分析：方法和模型发展［J］．心理科学进展，2014（5）：731－745.

［82］吴小强，王海勇．新常态下促进就业的所得税政策目标取向［J］．税务研究，2017（10）：14－18.

［83］吴笑晗，周媛．社会保险“费改税”的思考：基于疫情影响下就业形势［J］．税务研究，2020（6）：37－40.

［84］吴要武．70 年来中国的劳动力市场［J］．中国经济史研究，2020（4）：30－48.

［85］武晓利，晁江锋．政府财政支出结构调整对经济增长和就业的动态

效应研究 [J]. 中国经济问题，2014 (9)：39 -47.

[86] 肖宇亮. 我国促进就业的财政政策研究 [J]. 内蒙古社会科学（汉文版），2013 (3)：111 -114.

[87] 信长星. 努力推动实现更高质量的就业 [J]. 中国人口科学，2012 (6)：5.

[88] 徐江琴，叶青. 从“营改增”看促进就业的税收政策的完善 [J]. 国际税收，2015 (8)：62 -66.

[89] 徐旭川，杨丽琳. 公共投资就业效应的一个解释——基于 CES 生产函数的分析及其检验 [J]. 数量经济技术经济研究，2006 (11)：94 -103.

[90] 徐烜，雷良海. 试论职业教育的财政绩效与结构优化 [J]. 教育与职业，2015 (14)：9 -12.

[91] 徐昭君. 促进大众创业的税收政策研究 [D]. 长春：吉林大学，2016.

[92] 薛凤珍. 企业税负、就业税盾与就业激励 [J]. 现代财经（天津财经大学学报），2014 (12)：61 -70.

[93] 薛勇. 高职院校就业质量提升与人才培养模式变革融合互动的逻辑建构 [J]. 中国高等教育，2018 (1)：57 -59.

[94] 薛玉莲，谢香兵，池亚楠. 超额劳动雇佣能降低企业税收负担吗？——基于我国税制变更的经验证据 [J]. 北京工商大学学报（社会科学版），2017 (5)：77 -86.

[95] 扬州市国地税课题组，徐祖跃，林燕，方向. 促进残疾人就业税收政策存在的问题与完善建议 [J]. 税务研究，2016 (6)：106 -108.

[96] 杨森平，刘雪雪. 促进大学生就业创业的财税政策研究——基于产业结构的视角 [J]. 财会通讯，2016 (5)：121 -123，129.

[97] 杨贤才，张世晴. 凯恩斯学派就业理论及其政策主张对中国的启示 [J]. 现代管理科学，2014 (11)：36 -38.

[98] 杨晓妹，尹音频. 打破城乡就业隔离：财税政策效应的实证分析 [J]. 税务研究，2014 (11)：16 -20.

[99] 杨晓妹. 财政政策就业效应研究——基于中国经验数据的实证分析

[D]. 成都：西南财经大学，2014.

[100] 叶金珠. 社会资本对就业质量的影响 [D]. 武汉：华中科技大学，2008.

[101] 尹明，胡明月. 政府卫生支出、经济发展与居民健康支出——基于面板门槛模型的实证检验 [J]. 税务与经济，2016 (6)：30－36.

[102] 尹音频，杨晓姝. 劳动力市场中的财政政策效应——基于中国经验数据的实证分析 [J]. 财经科学，2015 (7)：60－69.

[103] 尹音频，张昆明. 财政政策结构的就业效应分析与思考 [J]. 西南民族大学学报（人文社科版），2004 (2)：201－204.

[104] 于爱晶，周凌瑶. 我国政府投资与经济增长、居民收入和就业的关系 [J]. 中央财经大学学报，2004 (9)：22－27，47.

[105] 余红艳. 促进就业创业的财税政策分析 [J]. 税务研究，2015 (8)：98－101.

[106] 余兴安，李志更. 中国人力资源发展报告（2020）[M]. 北京：社会科学文献出版社，2020.

[107] 袁银传，吴桂鸿. 全面深入理解新时代我国社会主要矛盾的新变化 [J]. 思想理论教育，2018 (6)：7.

[108] 张芳艳. 创业政策对大学生创业动力的影响研究 [D]. 广州：华南理工大学，2011.

[109] 张克中，陶东杰. 推动大众创业的税收政策探析 [J]. 税务研究，2015 (12)：21－24.

[110] 张铭洪，卢晓军，张志远. 财政支出结构的就业效应研究：理论与经验证据 [J]. 华东经济管理，2016 (1)：6－11.

[111] 张彦英，周均旭. 深化农村内部就业的财税政策研究——基于产业集群的视角 [J]. 农村经济，2012 (2)：25－29.

[112] 张振飞. 构建就业工作体系，实现高质量就业 [J]. 中国高等教育，2015 (12)：52－54.

[113] 周波，张兆强. 促进创新创业的财税政策选择 [J]. 财政监督，2015 (27)：67－70.

[114] 周施瑜. 我国促进大学生就业的财政政策研究 [D]. 沈阳：辽宁大学，2019.

[115] 周文剑. 中国经济增长的就业效应研究 [D]. 长春：吉林大学，2020.

[116] 朱军，张淑翠，李建强. 健康损失的通货膨胀、就业影响与最优财政补贴政策——基于两部门和产业链的 DSGE 框架 [J]. 学习与探索，2020 (7)：130 - 138.

[117] 朱俊福. 调整税收优惠政策促进经济社会的协调发展 [J]. 税务研究，2006 (8)：68 - 69.

[118] 邹波，周家星. 大学生如何能够找到"好工作"——人力资本影响大学生就业质量的实证分析 [J]. 教育学术月刊，2019 (10)：91 - 98.

[119] 左胜强. 企业所得税的劳动需求效应——基于中国工业企业面板数据的研究 [J]. 税务研究，2020 (5)：56 - 61.

[120] Joseph E Stiglitz. Taxation. Public Policy, and Dynamics of Unemployment [J]. International Tax and Public Finance, 1999 (6): 239 - 262.

[121] Steven Davis and Magnus Henrekson. Tax Effects on Work Activity, Industry Mix and Shadow Economy Size: Evidence from Rich-Country Comparisons [N]. NBER Working Paper.

[122] Edward C Prescott. Why do Americans Work so much more than Europeans? [N]. NBER Working Paper, 2004 (No. 10316).

[123] Kosi, Tanja, Bojnec, Stefan. The Impact of Labor Taxation on Job Creation and Unemployment [J]. Journal of Economics, 2006 (7): 562 - 567.

[124] Robert Carroll, Douglas Hotz-Eakin, Mark Rider and Harvcy S Rosen. Income Taxes and Entrepreneurs' Use of Labor [N]. NBER Working Paper, 1998 (No. 6578).

[125] Kosela, Erkki, Sinn, Hans-Werner, Schob, Ronnie Green. Tax Reform and Competitiveness [J]. German Economic Review, 2001 (1): 19 - 30.

[126] Henrik Jacobsen Kleven, Peter Birch Sorensen. Labor Tax Reform, the Good Job and the Bad Jobs [J]. Scandianvian Journal of Economics, 2004 (1): 45 -

64.

[127] Wille Leibfritz, John Thornton and Alexandra Bibbee. Taxation and Economics Performance [N]. OECD Working Papers, 1997 (No. 176).

[128] Boxall, Peter F and John Purcell. Strategy and Human Resources Management [M]. New York: Palgrave Macmillan, 2003.

[129] Lutz Altenburg, Martin Straub. Taxes on Labor and Unemployment in a Shirking Model with Union Bargain [J]. Labor Economics, 2002 (8): 721 -744.

[130] Harden J Wilfiam, Hoyt William H. Do States Choose Their Mix of Taxes to Minimize Employment Losses? [J]. National Tax Journal, 2003 (56): 7 -26.

[131] Daveri F, Tabellini G. Unemployment, Growth and Taxation in Industrial Countries [J]. Economic Policy, 2000 (15): 47 -104.

[132] Okun A M. Potential GNP: Its Measurement and Significance [J]. in Proceedings of Business and Economics Section, 1962: 98 -103.

[133] Pissarides Christopher. An Impact of Employment Tax Cuts on Unemployment and Wages: The Role of Unemployment Benefits and Tax Structure [J]. European Economic Review.

[134] Beatson M. Job Quality and Job Security. Labor market Trends, 2000 (10) .

[135] R C Marino. The Influence of Specialization-Specific Supervision on School Counselors Perceptions of Preparedness, Professional Identity and Perceived Supervis or Ef.

[136] Rafael Munnoz de Bustillo Llorente, Enrique Fernandez Macias. Job Satisfaction as an Indicator of the Quality of Work [J]. The Journal of Socio-Economics, 2005 (34).

[137] Schroeder, F K. Workplace Issues and Placement: What is High Quality Employment? [J]. Work (Reading, Mass.), 2007, 29 (4): 357.

[138] Falagiarda M. Evaluating Quantitative Easing: A DSGE Approach [J]. International Journal of Monetary Economics and Finance, 2015, 3 (2): 302 -327.

[139] Baxter M, and R G King. Fiscal Policy in General Equilibrium [J]. A-

merican Economic Review, 1993, 83 (3): 315 – 334.

[140] Bruckner M, Pappa E. Fiscal Expansions, Unemployment, and Labor Force Participation: Theory and Evidence [J]. International Economic Review, 2012 (11): 1205 – 1228.

[141] Phipps A J, Sheen J R. Macroeconomic Policy and Employment Growth in Australia [J]. The Australia Economic Review, 1995: 86 – 104.

[142] Abraham Carmeli. The Effect of Fiscal Conditions of Local Government Authorities on Their Economic Development [J]. Economic Development Quarterly, 2007.